Claus Hecher
Anlegen wie die Profis mit ETFs

Anlegen

wie die Profis

mit
ETFs

transparent einfach optimiert Asset Allocation Sondervermögen Volatilität Onlinebroker vollständig replizieren flexibel Smart Beta Börse Swap-basiert ETC kostengünstig

FBV

Claus Hecher

Bibliografische Information der Deutschen Nationalbibliothek
Die Deutsche Nationalbibliothek verzeichnet diese Publikation in der Deutschen Nationalbibliografie;
detaillierte bibliografische Daten sind im Internet über **http://dnb.de** abrufbar.

Für Fragen und Anregungen:
info@finanzbuchverlag.de

2. Auflage 2015

© 2013 FinanzBuch Verlag
ein Imprint der Münchner Verlagsgruppe GmbH
Nymphenburger Straße 86
D-80636 München
Tel.: 089 651285-0
Fax: 089 652096

Investitionen am Kapitalmarkt sind immer mit einem Risiko verbunden. Die Anlage in Wertpapieren, Investmentfonds, Exchange Traded Products und Zertifikaten ist stets mit der Gefahr eines Vermögensverlustes verbunden. Historische Daten über Kursverläufe und Anlagerenditen erlauben keine Prognose über deren zukünftige Entwicklung. Für die Richtigkeit der Daten und Berechnungen in diesem Buch kann nicht garantiert werden. Die Feststellungen des Autors stellen seine persönliche Sichtweise dar und sind nicht als Anlageempfehlungen im Sinne des Wertpapierhandelsgesetzes zu interpretieren. Für mögliche Vermögensverluste, die aus der Umsetzung der im Buch genannten Empfehlungen resultieren, übernehmen der Verlag und der Autor keine Haftung.

Lektorat: Matthias Michel
Satz: Carsten Klein, München
Druck: CPI books GmbH, Leck

ISBN Print 978-3-89879-707-8
ISBN E-Book (PDF) 978-3-86248-325-9
ISBN E-Book (EPUB, MOBI) 978-3-86248-326-6

Weitere Informationen zum Verlag finden Sie unter
www.finanzbuchverlag.de
Beachten Sie auch unsere weiteren Verlage unter:
www.muenchner-verlagsgruppe.de

Für Andrea, Caroline, Vivien und Clemens

Inhalt

Vorwort

Anlageberater empfehlen keine ETFs. Ein Umstand, der gerne als Vorwurf formuliert wird. Dabei liegt es in der Natur der Sache: Auch ein Anlageberater muss von irgendetwas leben. Solange bei Privatanlegern keine Bereitschaft zur Honorarberatung existiert, kommen nur Anlageprodukte zum Zug, die Provisionszahlungen für den Berater vorsehen. Damit spielen ETFs bei Privatanlegern nur für Selbstentscheider eine Rolle. Gut informierte Direktbankkunden, die auf Anlageberatung verzichten, kaufen heute ETFs wie vormals Aktien, Anleihen und Zertifikate direkt an der Börse. Als Kunde einer Direktbank an Börsen zu handeln, erfordert eine gewisse Affinität für das Internet, womit diese Kundengruppe eher jünger als 50 Jahre alt ist.

Das ist ein Dilemma, denn erst wenn man ein paar Jahrzehnte den Fondsmarkt erlebt hat, weiß man Werbekampagnen der Branche richtig einzuschätzen. Beschäftigt man sich heute zum ersten Mal mit Fonds, wird man unweigerlich auf den einen oder anderen Superstar stoßen, der die letzten Jahre bahnbrechende Renditen erwirtschaftete. Warum also nicht so einen Fonds kaufen? Ein paar schlagen eben doch den Markt.

Ist jemand allerdings schon länger dabei, so weiß er: Der Star von heute wird morgen gescheitert sein. Stattdessen wird man in fünf Jahren von einem Starmanager reden, den heute noch niemand kennt. Ich will hier keine Namen nennen, aber vor 20 Jahren wurde ein Fonds einer US-amerikanischen KAG als Maß aller Dinge hochgejubelt. Inzwischen hat der Fonds dramatisch den Anschluss verloren. Dann kam ein Münchener Vermögensverwalter als der ganz große Star. Inzwischen ebenfalls Vergangenheit. Schließlich galt eine französische Fondsgesellschaft als der Weisheit letzter Schluss. Auch deren Flaggschiff-Fonds geht allerdings die letzten drei Jahre eher den Bach hinunter als hinauf. Egal, jetzt wird ein neuer Vermögensverwalter gefeiert und so fort. Investoren, die auf diese Geschichten einsteigen, haben in der Regel das Nachsehen. Diverse Studien belegen, dass es eine schlechte Strategie ist, immer den Fonds zu kaufen, der die letzten Jahre am besten abgeschnitten hat. Um das erlebt zu haben, muss man aber eher älter als 50 Jahre sein. Nur mit Erfahrung gewinnt man den Abstand, der notwendig ist, um auch Stars am Anlagehorizont kritisch zu sehen.

Der ideale Privatanleger als ETF-Investor ist also jünger als 50 Jahre, weil Internet-affiner Direktbankkunde, und älter als 50 Jahre, weil Fonds-erfahren. Oder anders formuliert, es gibt ihn noch nicht. Ein wunderbarer Zeitpunkt für ein Buch, um Anlegern alle notwendigen Informationen über ETFs darzulegen. Auch wenn es der Zeit voraus sein mag, der Siegeszug der ETFs für Privatanleger wird unweigerlich kommen. Irgendwann wird sich Internetbanking in allen Altersgruppen breitmachen und irgendwann wird auch der letzte Anleger skeptisch, wenn wieder ein neuer Starmanager am Himmel erscheint. Rückenwind erhalten die ETFs durch die zunehmende Diskussion über ein Provisionsverbot bei der Vermittlung von Finanzprodukten. Was in Großbritannien seit Kurzem schon Realität ist, hat auch Chancen auf eine Einführung in anderen EU-Ländern.

Dr. Andreas Beck
Vorstand, Institut für Vermögensaufbau AG, München

Einführung: ETFs – die Erfolgsstory unter den Anlageprodukten

Im September 2012 ist der *Allianz Global Wealth Report 2012* erschienen, der auf knapp 100 Seiten die Entwicklung des globalen Geldvermögens analysiert. Über den Anstieg um 1,6 Prozent im Jahre 2011, dem niedrigsten seit dem Krisenjahr 2008, zeigen sich die Autoren enttäuscht. Der Einbruch der Aktienkurse an den Börsen im Sommer 2011 sowie die Eurokrise haben diese Entwicklung maßgeblich geprägt. Die historisch niedrigen Zinsen stellen für Anleger eine Herausforderung dar, denn sichere Anlagen können nicht mehr den realen Vermögenserhalt garantieren. Bei verschiedenen Anlageklassen lässt sich eine deutlich erhöhte Volatilität beobachten, da eine Lösung für die Eurokrise nicht absehbar ist.[1] Vor diesem Hintergrund wird es für Privatanleger zunehmend wichtiger, auf die Qualität der liquiden Vermögensbausteine hinsichtlich ihrer Wertentwicklung und deren Kosten zu achten. Wie können Anleger folgenschwere Fehler wie die Investition in überteuerte Finanzprodukte oder in solche mit relativ schwacher Performance vermeiden? Wer auf die Kosten der Kapitalanlage achtet, wird schnell zu der Überzeugung kommen, dass Exchange Traded Products (ETPs) eine kostengünstige Möglichkeit bieten, in unterschiedliche Anlageklassen wie Aktienmärkte, festverzinsliche Wertpapiere oder Rohstoffe zu investieren. Zu der Gruppe der ETPs zählen Exchange Traded Funds (ETFs), Exchange Traded Commodities (ETCs) und Exchange Traded Notes (ETNs). »Wenn

---

[1]   Heise, Michael / Brandmeir, Kathrin / Grimm, Michaela / Holzhausen, Arne / Steck, Gabriele, Allianz SE, *Allianz Global Wealth Report*, 2012, S. 9.

man in Aktien investiert sein will, dann ist es wesentlich billiger und grundsätzlich auch effektiver, dies über ein ETF-Produkt zu tun«, erklärte Michael Sonnenfeldt, Gründer und Chairman von »Tiger 21« in einem Interview mit Bloomberg News.[2] Hinter »Tiger 21« stehen unter anderem Investoren und Manager, die jeweils mindestens 10 Millionen Dollar an investierbarem Vermögen verfügbar haben und zusammen rund 19 Milliarden Dollar verwalten. Die Gruppe umfasst 202 Mitglieder. In diesem Kreis sind derzeit Indexfonds und ETFs populärer als etwa Aktien-Hedgefonds oder Investmentfonds.

Dadurch dass ETFs einen Index, ein Marktbarometer für die jeweilige Anlageklasse, abbilden, gibt es auch keine negativen Überraschungen durch Portfoliomanager, die nicht in der Lage sind, die Marktrendite einer Anlageklasse durch ihre Anlageentscheidungen zu erwirtschaften. Anlageprofis haben diese Erkenntnisse immer stärker beachtet und dadurch das starke Wachstum der ETF-Branche während der letzten Jahre ermöglicht. Allein in Europa hat das Anlagevolumen in ETPs per Jahresende 2012 368,3 Milliarden US-Dollar (279,3 Milliarden Euro) erreicht, weltweit sogar über 1.900 Milliarden US-Dollar.[3] Die Anzahl der in Deutschland zum Börsenhandel zugelassenen ETFs hat am 22. August 2012 die 1.000er-Marke überschritten. Der überwiegende Teil des in ETFs investierten Vermögens stammt von institutionellen Anlegern. Dabei gibt es für Privatanleger keine Beschränkungen, via ETFs zu Großanlegerkonditionen indexiert in eine große Auswahl von Anlagethemen zu investieren. Gerade wegen dieses Kostenvorteils und der Vermeidung von Vermittlerprovisionen werden ETFs von Banken und unabhängigen Vermögensberatern ihren Kunden häufig vorenthalten. »In ETFs zu investieren ist die beste Strategie für Privatanleger«, meint David Swensen, Chef-Vermögensverwalter der US-Elite-Universität Yale.[4]

---

[2]   ETFs sind beliebter als Buffetts Berkshire; www.handelsblatt.com/finanzen/fonds/nachrichten/anlage-strategie-etfs-sind-beliebter-als-buffetts-berkshire-seite-all/7320536-all.html, Stand: 30.10.2012.

[3]   Lan, Shan / Mercado, Sebastian / Levitt Sascha, in: Deutsche Bank 2012 ETF Review & 2013 Outlook, 11.01.2013.

[4]   Swensen, David F., *Erfolgreich Investieren: Strategien für Privatanleger*, Murmann Verlag 2005, S. 18.

Dieses Buch soll Privatanlegern und Anlageberatern die Möglichkeiten aufzeigen, die ETFs im Rahmen der Kapitalanlage bieten, und Hilfestellung bei der praktischen Umsetzung leisten. Im folgenden Abschnitt werden zunächst die grundlegenden wissenschaftlichen Erkenntnisse über Kapitalanlagen im Zusammenhang mit der Entstehungsgeschichte der ETFs erläutert.

Die *Modern Portfolio Theory* von Harry M. Markowitz aus dem Jahre 1952 bietet die finanzwissenschaftliche Grundlage für Indexinvestments. Markowitz' Theorie, für die er im Jahre 1990 den Nobelpreis für Ökonomie bekam, hatte zum Ziel, aufzuzeigen, dass Diversifikation bei Anlageentscheidungen zu einem besseren Rendite-Risiko-Profil führt als Einzelinvestitionen, und diesen Effekt messbar zu machen.[5] Welche Wertpapiere und wie viele Wertpapiere in ein Portfolio aufzunehmen sind, war ebenfalls Gegenstand der Untersuchung. Markowitz' Ansatz basiert weitgehend auf dem Zielkonflikt des Anlegers zwischen erwarteter Rendite und dem damit verbundenen Risiko. Die bedeutendste Erkenntnis liegt in der Aussage, dass sich das Risiko durch Diversifikation reduzieren, aber nicht ausschließen lässt. Der wichtigste Aspekt dabei ist, dass es nicht auf das Risiko eines einzelnen Wertpapiers ankommt, sondern auf dessen Beitrag zum Risiko des Portfolios, und dass dieser von der Kovarianz der Wertpapierkurse untereinander abhängt.[6] Dabei gilt: Je geringer die Wertpapierkurse miteinander korrelieren, desto stärker lässt sich das Risiko einer Kombination aus diesen Wertpapieren reduzieren. Eine geringe Korrelation bedeutet, dass ein geringer Zusammenhang für die Kursentwicklung von Wertpapieren besteht. Die Korrelation kann sogar negativ sein, d. h. ein Wertpapier fällt im Preis, während bei einem anderen im gleichen Zeitraum ein Kursanstieg zu beobachten ist. Durch Diversifikation addieren sich nämlich die Risiken der einzelnen Wertpapiere nicht, sondern neutralisieren sich teilweise gegenseitig.

---

[5]   Markowitz, Harry M., Portfolio Selection, in: *The Journal of Finance*, 7, Nr. 1, 1952, S. 77–91.
[6]   Rubinstein, Mark, Markowitz's »Portfolio Selection«: a fifty-year retrospective, in: *The Journal of Finance*, 57, Nr. 3, 2002.

Eine weitere finanzwissenschaftliche Grundlage für Indexinvestments liefert die *Efficient Market Hypothesis* von Eugene Fama im Jahre 1970. Sie besagt, dass in effizienten Finanzmärkten alle Marktteilnehmer zu jedem Zeitpunkt den gleichen Stand an Informationen haben und rationale Entscheidungen treffen. Sämtliche Informationen sind in den Wertpapierkursen verarbeitet. Folglich ist keiner der Akteure am Kapitalmarkt in der Lage, überdurchschnittliche Gewinne zu erzielen.[7] Die aktive Auswahl von Wertpapieren bietet dadurch einen geringen oder keinen Mehrwert gegenüber einer passiven oder indexierten Anlagestrategie. Informationsvorsprünge sind nicht verwertbar, erfolgreiche aktive Methoden werden zu schnell kopiert.

Wendet man diese Erkenntnis beispielsweise auf Aktienanlagen an, so fährt ein Anleger grundsätzlich besser, wenn er seine Investition auf eine ausreichende Anzahl von Aktien verteilt. Eine ausreichende Diversifikation bietet ihm dabei sowohl ein aktiv gemanagter Aktienfonds, als auch ein Indexfonds bzw. ein ETF. Das gleiche Prinzip gilt für den Aufbau einer Asset Allocation aus unterschiedlichen Anlageklassen wie z. B. Aktien, festverzinslichen Wertpapieren, Rohstoffen, Immobilien oder alternativen Investments.

Die Änderung der Wertpapierkurse ist daher auf unerwartete zufällige Ereignisse zurückzuführen (Random-Walk-Theorie). Dadurch sind sie nicht langfristig vorhersagbar. Solche Preisentwicklungen können nur in einem Umfeld entstehen, in dem Informationen äußerst schnell und professionell verarbeitet werden. Die Chance, Überschussrenditen zu erzielen, bietet sich entweder nur für einen sehr kurzen Zeitraum oder in weniger transparenten Teilmärkten. Die Wahrscheinlichkeit, dass dieser Mehrwert dauerhaft erzielt wird, ist äußerst gering. Empirische Untersuchungen, die diese These stützen, hat Bruno Solnik im Jahre 1973 durchgeführt. Bei rein zufälligen Preisentwicklungen von Wertpapiermärkten wäre ein Wert von 0 für die sogenannte serielle

---

[7]   Fama, Eugene F., Efficient Capital Markets, A Review of Theory and Empirical Work, in: *The Journal of Finance*, 25, 1970, S. 383–417.

Korrelation festzustellen, d. h., es gäbe keinen Zusammenhang zwischen heute und zu einem späteren Zeitpunkt beobachteten Wertpapierkursen. Die Berechnungen für neun unterschiedliche Märkte haben äußerst geringe Werte ergeben, die wohl eher auf Schätzfehler und Transaktionskosten zurückzuführen sind.[8]

Zusammenfassend lässt sich festhalten, dass eine erfolgreiche Vermögensanlage auf dem Grundprinzip der Diversifikation beruht und aktive Anlageentscheidungen eine geringe Chance bieten, die Wertentwicklung des Gesamtmarktes zu übertreffen. Anleger sind daher gut beraten, ihr Portfolio auf Basis von indexierten Anlageprodukten wie ETFs aufzubauen. Unterstützende empirische Untersuchungen werden in Kapitel 3 behandelt.

Oft werden innovative Finanzprodukte nicht in Europa entwickelt, sondern haben ihren Ursprung in den USA. Das gilt auch für ETFs.

In den Jahren 1969 bis 1971 haben John A. McQuown und William L. Fouse den ersten Indexfonds entwickelt.[9] Dabei handelte es sich um eine maßgeschneiderte Anlage für den Samsonite Pension Fund, die diesem institutionellen Großanleger von der in San Francisco beheimateten Wells Fargo Bank angeboten wurde. Der Sohn des Kofferfabrikanten Samsonite war Schüler von Harry Markowitz, dem geistigen Vater des Konzepts. Der im Fonds abgebildete gleichgewichtete Index umfasste die 1.500 damals an der New York Stock Exchange gehandelten Aktien.[10]

Der erste für Privatanleger investierbare Indexfonds war der Vanguard 500 Index Fund, den John C. Bogle und Burton Malkiel am 31. August 1976 aufgelegt haben. Dieser Fonds verwaltet heute ein Vermögen von 125,9 Mrd. US-Dollar (Stichtag: 31.01.2013).

---

[8] Solnik, Bruno H., Note on the Validity of the Random Walk for European Stock Prices, in: *The Journal of Finance*, 28, 1973, S. 1151–1159.

[9] Bogle, John C., The First Index Mutual Fund: A History of Vanguard Index Trust and the Vanguard Index Strategy, Bogle Financial Markets Research Center, 2006, www.vanguard.com.

[10] Seibel, Karsten, Was die Wunderprodukte ETFs taugen, in: *Die Welt*, 09.04.2010.

Die Weiterentwicklung indexierter Aktienanlagen vom Investmentfonds zum ETF erfolgte durch die erstmalige Börseneinführung an der Wall Street im Januar 1993. State Street Global Advisors lancierte den Standard & Poor's Depositary Receipt (SPDR®) und führte diesen in den Handel an der New York Stock Exchange ein. Dieser ETF bildet die Wertentwicklung des S&P 500® Index ab und hat es unter dem Spitznamen »Spider« in der Finanzbranche zu weltweiter Bekanntheit gebracht. Er verwaltet heute ein Vermögen von 123 Mrd. US-Dollar (Stichtag: 31.12.2012; Quelle: State Street Global Advisors).

Immerhin sollte es weitere sieben Jahre dauern, bis die ersten ETFs an europäischen Börsen eingeführt wurden. Dabei handelte es sich um den iShares DJ STOXX 50, den iShares DJ Euro STOXX 50 und um den iShares FTSE 100, die im April 2000 an der Deutschen Börse bzw. an der London Stock Exchange gelistet wurden.[11]

Der erste deutsche ETF-Anbieter war Indexchange, der im Dezember 2000 den ersten ETF auf den DAX® Index aufgelegt hat. Dieser ETF heißt nach Wechsel der Gesellschafter heute iShares DAX® (DE) und ist mit einem investierten Anlagevermögen von 13,6 Mrd. Euro (Stichtag: 31.12.2012) der größte europäische ETF. Inzwischen gibt es allein in Europa fast 2.000 ETPs bei einem verwalteten Vermögen in Höhe von 280 Milliarden Euro, davon 1.332 ETFs mit Anlagen in Höhe von 227 Milliarden Euro. Weltweit verteilen sich sogar ca. 1.950 Milliarden US-Dollar (knapp 1.475 Milliarden Euro) auf 4.731 ETPs von 208 Anbietern mit 9.710 Listings an 56 Börsen (Stichtag: 31.12.2012; Quelle: ETFGI).

---

[11] Lansky, Frank / Mrowka, Martin / von Kriegsheim, Nils / Fischer, Jan, Exchange Traded Funds – Worauf Privatanleger achten müssen, in: Hakendran (Hrsg.): Deutsche Telekom AG, Redaktion t-online, Ausgabe 1, Mai 2011.

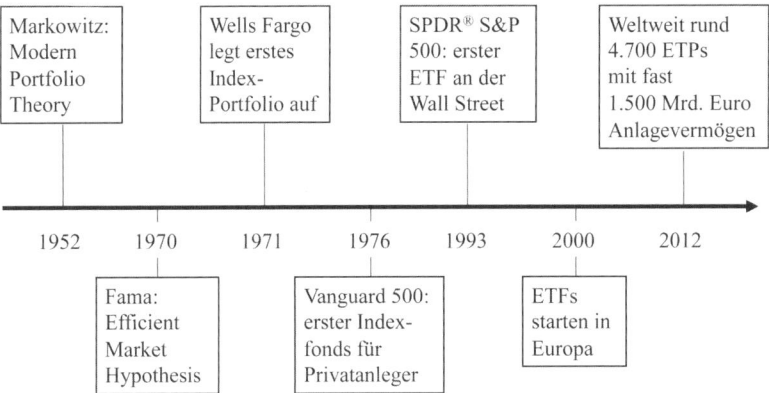

Markowitz: Modern Portfolio Theory	Wells Fargo legt erstes Index- Portfolio auf	SPDR® S&P 500: erster ETF an der Wall Street	Weltweit rund 4.700 ETPs mit fast 1.500 Mrd. Euro Anlagevermögen

1952   1970   1971   1976   1993   2000   2012

	Fama: Efficient Market Hypothesis		Vanguard 500: erster Index- fonds für Privatanleger		ETFs starten in Europa	

Meilensteine der ETF-Entwicklung

Diese Erfolgsstory wäre nicht ohne die besonderen Qualitäten der ETFs möglich gewesen. Für viele professionelle Anleger sind ETFs daher eine selbstverständliche Wahl bei der Umsetzung ihrer Anlageentscheidungen. ETFs sind wohl das einzige Finanzprodukt, das zu den gleichen Konditionen wie für institutionelle Anleger angeboten wird. Trotzdem sind ETFs erst bei einem geringen Anteil der Privatanleger und Anlageberater überhaupt bekannt. Daher werden in diesem Buch zunächst schrittweise und aufeinander aufbauend die wesentlichen Grundlagen für ein Investment in ETFs behandelt. Das erste Kapitel erklärt, wie ETFs konstruiert werden und was sie von anderen vergleichbaren Finanzprodukten unterscheidet. Das zweite Kapital widmet sich der Vielfalt der Anlagethemen, die bereits mit ETFs abgebildet werden. Im dritten Kapitel werden Informationsquellen zum ETF-Markt und den Produkten dargestellt und die wesentlichen Kriterien für die Auswahl von ETFs bzw. ETPs unterschiedlicher Anbieter erörtert. Im Anschluss stehen Entscheidungshilfen für die richtige Mischung unterschiedlicher ETFs in einem Anlageportfolio im Mittelpunkt. Wie bei jedem anderen Finanzprodukt unterliegen auch Erträge aus ETF-Anlagen sowie etwaige Kursgewinne der Besteuerung; das vierte Kapitel geht auf die derzeit für Privatanleger geltenden

Besteuerungsgrundlagen ein. Zum Abschluss wird auf die zukünftigen Chancen der ETF-Branche ebenso eingegangen wie auf die Möglichkeiten für Privatanleger, die Qualität ihrer Kapitalanlagen zu verbessern.

Kapitel 1: Wie funktionieren ETFs?

1.1 ETFs sind Investmentfonds – mit Besonderheiten

Bevor wir uns den Besonderheiten von ETFs widmen, wollen wir zunächst klären, was einen Investmentfonds auszeichnet. Der Begriff »Fonds« stammt aus dem Französischen, heißt wörtlich »Vorrat« oder »Fundus« und bedeutet in unserem Zusammenhang nichts anderes als »Kapital«. Bei einem offenen Investmentfonds handelt es sich also um ein Vehikel zur Geldanlage. In Deutschland wird zwischen Spezialfonds, die maßgeschneidert die Kapitalanlage für einen institutionellen Großanleger, z. B. für eine Versicherung oder Pensionskasse, durchführen, und Publikumsfonds unterschieden. Letztere sind allen Investorengruppen einschließlich Privatanlegern zugänglich. Die Kapitalanlagegesellschaft (KAG) sammelt dabei das Geld mehrerer Anleger in einem Sondervermögen und legt es nach einem vorgegebenen Anlageschwerpunkt an (z. B. in deutsche Aktien, internationale Aktien oder in Euro denominierte Unternehmensanleihen). Durch den Kauf von Anteilen erhält der Anleger das Recht auf Gewinnbeteiligungen und auf den Verkauf seiner Anteile zum Rückgabepreis, wenn er über sein Kapital anderweitig verfügen will. Der Wert eines Anteils ist leicht zu ermitteln, indem das aktuelle Fondsvermögen durch die Anzahl der ausgegebenen Anteilsscheine geteilt wird. Besondere Bedeutung kommt dabei dem Begriff Sondervermögen zu, d. h. das Kapital der KAG und das Kapital des für die Anleger verwalteten Vermögens sind rechtlich strikt getrennt. Dadurch ist selbst im Konkursfall der KAG das Vermögen der Fondsanleger geschützt.

Auf EU-Ebene bestehen mittlerweile einheitliche rechtliche Rahmenbedingungen, die den grenzüberschreitenden Vertrieb der Fonds ermöglichen. Dabei sind in den Richtlinien für sogenannte OGAW-Fonds (**Or**ganismus für **g**emeinsame **A**nlagen in **W**ertpapieren; englisch: UCITS, **U**ndertakings for **C**ollective **I**nvestments in **T**ransferable **S**ecurities) insbesondere Diversifikationsgrundsätze, der Umfang des Einsatzes derivativer Finanzinstrumente und damit verbundener potenzieller Gegenparteirisiken sowie Offenlegungspflichten geregelt. Die rechtliche Umsetzung in Deutschland erfolgt über das Investmentgesetz.

In Europa sind alle ETFs als OGAW-Fonds aufgesetzt, mit Ausnahme derjenigen, die in der Schweiz beheimatet sind. Dadurch gelten für ETFs exakt die gleichen Bestimmungen wie für alle OGAW-Fonds.»Das Konzept des Anlegerschutzes ist einer der Eckpfeiler der OGAW-Richtlinien der Europäischen Union, in denen festgelegt ist, welche Anlagefonds sich für den freien Verkauf eignen. Das OGAW-Regelwerk besteht aus einer Reihe von Gesetzen, die zwischen 1988 und Juli 2011 in Kraft traten, und soll Privatpersonen, die in Fonds investieren möchten, ein sicheres rechtliches Rahmenwerk bieten. Es enthält allgemeingültige Bestimmungen zur Struktur, Verwaltung und Regulierung dieser Fonds sowie über den Schutz der mit ihnen verbundenen Vermögenswerte.«[12] Tabelle 1.1 fasst die wichtigsten Regeln für OGAW-ETFs zusammen.

Zulässige Vermögenswerte	Liquide Wertpapiere wie Aktien und Anleihen, andere Fonds, Bankeinlagen, derivative Finanzinstrumente
Diversifikation	Es gilt die sogenannte 5/10/40-Regel: ▪ maximal 10 % des Fondsvermögens in Wertpapiere eines Emittenten, ▪ maximal 40 % des Fondsvermögens in Wertpapiere, die höher als 5 % gewichtet sind,

---

[12] ALFI, So schützen OGAW-Fonds Anleger, www.alfi.lu.

	• Ausnahme bei ETFs: Bei Abbildung eines Index wird die Emittenten-Höchstgrenze auf 20 % (bzw. 35 % unter außergewöhnlichen Umständen) angehoben • maximal 20 % pro Fonds bei Anlage in andere Fonds • maximal 30 % des Fondsvermögens in Nicht-OGAW-Fonds • maximal 25 % des Vermögens eines anderen Fonds, in den der OGAW-Fonds investiert
Derivate	Die Zulässigkeit von derivativen Finanzinstrumenten im Fondsvermögen wird im Prospekt geregelt. Grundsätzlich sind an einer Terminbörse oder im Interbankenmarkt OTC (over the counter) gehandelte Derivate erlaubt.
Gegenparteirisiko	Maximal 10 % des Fondsvermögens resultieren aus derivativen Finanzinstrumenten. Die Regel kommt bei Swap-basierten OGAW-ETFs zur Anwendung.
Depotbank	Die Vermögenswerte eines OGAW-ETFs müssen einer Depotbank zur Verwahrung anvertraut werden, wobei eine strikte Trennung der Vermögenswerte des Fonds und der Verwaltungsgesellschaft vorgeschrieben ist. Die wichtigsten Pflichten der Depotbank sind: • Sicherstellung, dass das den Anlegern gehörende Fondsvermögen nicht zur Bezahlung von Gläubigern der Verwaltungsgesellschaft beschlagnahmt werden kann • Gewährleistung für den Verkauf, die Emission, den Rückkauf und die Annullierung von Fondsanteilen nach Maßgabe der Gesetze oder der Verwaltungsvorschriften • Einziehung und Verwendung der Fondserträge aus Anlagen wie Dividenden und Zinsgutschriften • Berechnung des Nettoinventarwerts gemäß den Bestimmungen des ETFs

	• Haftung gegenüber der Managementgesellschaft und den Anlegern für sämtliche Verluste, die aufgrund einer unvertretbaren Nichterfüllung oder nachlässigen Ausführung ihrer Verpflichtungen entstehen
Offenlegung	Veröffentlichungspflicht besteht bei ETFs für: • Prospekt • Jahres- und Halbjahresberichte • Dokument »Wesentliche Anlegerinformationen« (englisch: KIID, Key Investor Information Document), das den vormals vereinfachten Prospekt ersetzt

Tabelle 1.1: Wichtigste Regeln für OGAW-ETFs.[13]

Darüber hinaus ergeben sich durch das Börsenlisting zusätzliche Bedingungen, die ETFs erfüllen müssen. Diese werden aber von der jeweiligen Börse festgelegt und betreffen Themen wie die Verpflichtung von Wertpapierhandelshäusern, ständig verbindliche An- und Verkaufskurse für ETFs zu stellen. Tabelle 1.2 fasst die wichtigsten Regeln für OGAW-ETFs (aber auch alle anderen OGAW-Fonds) sowie die zusätzlichen Anforderungen an ETFs hinsichtlich ihres Börsenlistings am Beispiel der Deutschen Börse zusammen.

Liquidität	Mindestens ein Designated Sponsor, der die Betreuung des ETFs nach Maßgabe der Börsenordnung der Frankfurter Wertpapierbörse übernimmt: • Einstellung verbindlicher An- und Verkaufskurse in das Orderbuch mit • maximalem Spread (Geld-Brief-Spanne zwischen An- und Verkaufskurs) • Mindestquotierungsvolumen

---

[13] ALFI, So schützen OGAW-Fonds Anleger, www.alfi.lu.

Registrierung	Erlaubnis zum öffentlichen Vertrieb des ETF durch die Bundesanstalt für Finanzdienstleistungsaufsicht (BaFin) in Deutschland bzw. die österreichische Finanzmarktaufsicht (FMA) oder Nachweis über Zulassung zum öffentlichen Vertrieb im Ausland bei OGAW-ETFs durch Emittentin
iNAV-Kalkulation	Kalkulation des indikativen Nettoinventarwertes des ETFs und Veröffentlichung durch die Emittentin: • fortlaufend (mindestens alle 60 Minuten) • während der gesamten Handelsdauer • in der jeweiligen Handelswährung des ETFs

Tabelle 1.2: Wichtigste Teilnahmebedingungen der Deutsche Börse AG für den Handel von ETFs. [14,15]

Unter dem rechtlichen Aspekt unterscheiden sich ETFs nicht von Investmentfonds, doch bestehen sehr wohl Unterschiede, wenn es um Kriterien wie Börsenhandel, Managementstil oder Kosten geht. Für die Investmentstrategie eines Investmentfonds ist ein Portfoliomanager verantwortlich, der das Ziel verfolgt, durch seine aktiven Anlageentscheidungen bessere Ergebnisse zu liefern als der Markt. Ein ETF hat die möglichst genaue Abbildung eines Index als Anlageziel. Hinsichtlich der Kosten unterscheiden sich die beiden Typen stark. ETFs werden im Gegensatz zu den aktiv gemanagten Investmentfonds ohne Ausgabeaufschlag mit signifikant niedrigeren jährlichen Verwaltungsgebühren angeboten. Dadurch, dass ETFs an einer Wertpapierbörse gehandelt werden, fallen beim Kauf und Verkauf Provisionen für die depotführende Bank an. ETFs sind in der Regel wesentlich transparenter als aktiv gemanagte Investmentfonds. Dies äußert sich insbesondere durch tägliche Veröffentlichung des Sondervermögens und freiwillige Angaben zu hinterlegten Sicherheiten. Einen Überblick über die wichtigsten Gemeinsamkeiten und Unterschiede gibt Tabelle 1.3.

---

[14]   Deutsche Börse AG, Exchange Traded Products Segment, Teilnahmebedingungen, 01.12.2009.
[15]   Deutsche Börse AG, XETRA: die führende Handelsplattform für ETFs in Europa, Oktober 2011.

	ETF	aktiv gemanagter Investmentfonds
Rechtsform	Sondervermögen	
Erwerb	durch Wertpapierorder über die Börse	direkt bei der Fondsgesellschaft
Liquidität	hoch: ganztägig während der Börsenhandelszeit	niedrig: einmal täglich zum Nettoinventarwert des Fonds
Transparenz	hoch: tägliche Veröffentlichung der Bestände des Sondervermögens	gering: Veröffentlichung der Bestände des Sondervermögens im Jahres- bzw. Halbjahresbericht
Gesamtkosten	niedrig	hoch
Ausgabeaufschlag	entfällt	bis zu 5 % des Anlagebetrages
Verwaltungsgebühr	niedrig: zwischen 0 und 0,75 % jährlich	hoch: bis zu 2 % jährlich, ggf. zusätzliche performanceabhängige Gebühr
Wertpapierprovision	für Kauf und Verkauf	entfällt

Tabelle 1.3: Gemeinsamkeiten und Unterschiede von ETFs und aktiv gemanagten Investmentfonds.

1.2 Was unterscheidet ETFs von ETCs, ETNs und Anlagezertifikaten?

Neben den ETFs gibt es weitere Produkttypen, die ebenso passiv die Wertentwicklung eines Marktes oder einer Anlageklasse abbilden und an einer Börse gehandelt werden. Dadurch erhalten Privatanleger die Möglichkeit, kostengünstig in liquide Anlageprodukte zu investieren, die auch exotischere Basisinstrumente wie einzelne Rohstoffe, einen Volatilitätsindex oder Währungen abbilden. Unter dem Oberbegriff ETPs (Exchange Traded Products) lassen sich ETFs, ETCs

(Exchange Traded Commodities) und ETNs (Exchange Traded Notes) zusammenfassen, die die Börsenhandelbarkeit als Gemeinsamkeit aufweisen. Neben den ETPs, die in der Regel die Wertentwicklung des Basisinstruments linear abbilden, bieten Zertifikate eine Vielzahl von nicht-linearen Auszahlungsprofilen, die auf Optionsstrategien basieren. Unterschiede bestehen insbesondere hinsichtlich der rechtlichen Struktur, der Replikationsmethode, der Liquidität, der Besicherung und der Kosten.

Die bekanntesten der genannten Produkttypen sind wohl die ETFs. Sie allein unterliegen den strengen OGAW-Regeln, die in Abschnitt 1.1 beschrieben wurden. Da Investments in einzelne Rohstoffe wegen des Wegfalls des Diversifikationsgedankens nicht in Form von OGAW-konformen ETFs möglich sind, weisen ETCs eine andere rechtliche Konstruktion auf. Es sind Inhaberschuldverschreibungen mit vollem Ausstellerrisiko der Emittentin. Da es sich um ein Wertpapier handelt, bildet die EU-Richtlinie für Wertpapierprospekte die regulatorische Grundlage für die Zulassung zum öffentlichen Vertrieb. Während die Investition in einen breit diversifizierten Rohstoffindex über einen ETF möglich ist, kann die Investition in Gold oder Öl als einziges Basisinstrument nur über einen ETC erfolgen. ETCs auf Edelmetalle sind fast ausschließlich durch physische Hinterlegung des Basiswertes besichert.

ETNs sind wie ETCs Inhaberschuldverschreibungen, die beispielsweise die Wertentwicklung von Währungen oder von einem Volatilitätsindex, jedoch nicht von Rohstoffpreisen abbilden. Im Gegensatz zu ETCs findet keine physische Hinterlegung des Basiswertes statt. Dadurch besteht bei ETNs die größte Nähe zu den Zertifikaten hinsichtlich ihrer rechtlichen Konstruktion.

Zertifikate sind ebenfalls Inhaberschuldverschreibungen, bei dem fast jegliches Basisinstrument denkbar ist. Nur ein geringer Teil der angebotenen Produkte bildet die Wertentwicklung des Basisinstruments eins zu eins ab (Partizipationszertifikate) und steht damit in direktem Wettbewerb mit ETPs. Die meisten Zertifikate beinhalten Optionsstrategien, die das Marktrisiko begrenzen (Kapitalschutzzertifikate) oder in Seitwärtsmärkten eine positive Rendite liefern können (Bonuszertifikate, Discountzertifikate, Aktienanleihen).[16] Der Zertifikatemarkt befand sich von 2000 bis 2007 in einer sehr starken Wachstumsphase und hatte auf dem Höhepunkt im September 2007 knapp 140 Milliarden Euro Anlagegelder in Deutschland anziehen können. Durch den Konkurs der amerikanischen Investmentbank Lehman Brothers im September 2008 wurde erstmalig ein Zertifikateemittent zahlungsunfähig. Von diesem Vertrauensbruch hat sich die Zertifikatebranche bis heute noch nicht vollständig erholt. Abbildung 1.1 zeigt die Entwicklung der von deutschen Investoren in Zertifikate investierten Anlagebeträge.

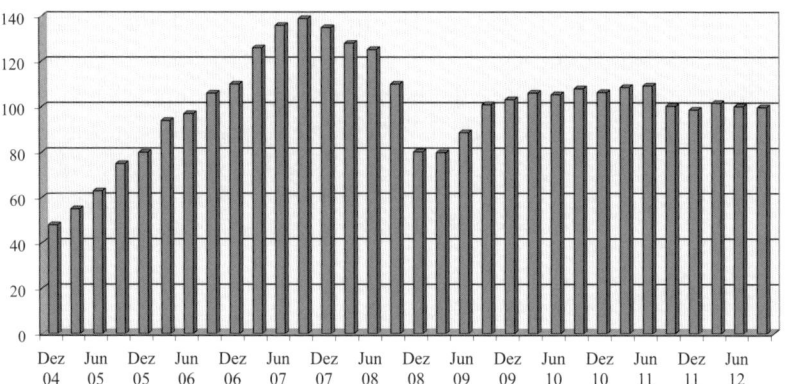

Abbildung 1.1: Entwicklung des Zertifikatevolumens in Deutschland seit 2004, in Mrd. Euro (Quelle: Deutscher Derivateverband[17]).

---

[16] Johannig, Lutz / Becker, Marc / Seeber, Mark, Unterschiede und Gemeinsamkeiten börsennotierter, passiver Investmentprodukte, Studie im Auftrag der Deutsche Bank AG, Oktober 2011, S. 4 ff.

[17] Deutscher Derivateverband, http://www.deutscherderivateverband.de/DEU /Statistiken/Marktvolumen, Stand: 30.09.2012.

Tabelle 1.4 fasst die wesentlichen Gemeinsamkeiten und Unterschiede der genannten Finanzprodukte zusammen.

	ETPs			Zertifikate
	ETFs	ETCs	ETNs	
Rechtsform	Sonder-vermögen	Inhaberschuldverschreibung		
Regulierung	OGAW-Richtlinie	EU-Richtlinie für Wertpapierprospekte		
Emittentenrisiko	kein Aus-fallrisiko	100 % Ausfallrisiko		
Besicherung des Emittenten-risikos	–	häufig physische Hinterlegung bei Edelmetallen oder Besicherung durch Wertpapiere	in der Regel keine Besicherung	

Tabelle 1.4: Gemeinsamkeiten und Unterschiede von ETFs, ETCs, ETNs und Zertifikaten.[18]

1.3 Worin investiert ein ETF?

ETFs haben das Anlageziel, einen Index möglichst genau und ohne Kursabweichungen abzubilden. Um dieses Ziel im Portfoliomanagement von ETFs zu erreichen, gibt es verschiedene Methoden. Unterschiedliche Replikationsarten bedeuten aber auch unterschiedliche Risiken in einem OGAW-konformen Sondervermögen. Die Diskussion um die Risiken der verschiedenen Replikationsmethoden hat sich durch die Veröffentlichung eines Arbeitspapiers des Financial Stability Board der Bank für Internationalen Zahlungsausgleich (BIZ) in Basel und eines Anhangs über ETFs und ihre Risiken im

---

[18]   Rose, Gordon, Was sind die Unterschiede zwischen ETP, ETF und ETN?, www.morningstar.com, Stand: 26.05.2011.

halbjährlichen Global Financial Stability Report des Internationalen Währungsfonds (IWF) im April 2011 intensiviert. Der im Juni 2011 erschienene *Financial Stability Review* der Europäischen Zentralbank (EZB) hat einige der aufgeführten Bedenken aufgegriffen und bemerkt, dass die zunehmenden Geldströme in ETFs die Grundlage für erhöhte Volatilität und eine Blasenbildung in Emerging-Markets-Aktien oder Rohstoffen bilden könnten. Der *Financial Stability Report* der Bank of England (BoE) beinhaltete im Juni 2011 ebenfalls einen Abschnitt über ETFs und stellte fest, dass global agierende Banken durch ihre Rolle als Swap-Gegenpartei in synthetisch replizierenden ETFs, als Vermittler von Wertpapierleihegeschäften oder als Market Maker ein starkes geschäftliches Exposure zu ETFs aufweisen. Die Aufforderung an die britische Finanzaufsichtsbehörde Financial Services Authority (FSA), über die European Securities and Markets Authority (ESMA) und andere internationale Behörden strengere Risikostandards für ETFs einzufordern, zielt dabei insbesondere auf erhöhte Anforderungen an die Offenlegungspflichten und das Management von Sicherheiten.[19] Die Diskussion um die »richtige« Indexabbildung in ETFs hat natürlich auch die Anbieter untereinander erreicht, für die eine oder andere hitzige Debatte gesorgt und so manchen Anleger verunsichert. Erfreulicherweise zeigen sich alle ETF-Anbieter als äußerst transparent, wenn es um die Offenlegung von wesentlichen Informationen zu ihren Produkten, den tatsächlichen Aufbau des Sondervermögens und etwaige Besicherungen geht. Nachfolgend wird dargestellt, wie die marktüblichen Replikationsmethoden funktionieren, und werden ihre Vor- und Nachteile analysiert.

---

[19]   Goltz, Felix / Tang, Lin, EDHEC-Risk Institute, The EDHEC European ETF Survey 2011, März 2012, S. 27 f.

1.3.1 Indexabbildung durch vollständige Replikation

Ein ETF gilt als vollständig replizierend, wenn er alle im abzubildenden Index enthaltenen Wertpapiere mit der identischen Gewichtung
enthält. Beispielsweise beinhaltet der DAX® nachstehende 30 Aktien
in der jeweils angegebenen Gewichtung:

Wertpapier	Gewichtung	Branche
BASF SE	9,88 %	Chemieindustrie
Siemens AG	9,86 %	Industriegüter und Dienstleistungen
BAYER AG	8,99 %	Chemieindustrie
SAP AG	8,29 %	Technologie
Allianz SE	7,18 %	Versicherung
Daimler AG	6,16 %	Automobile
Deutsche Bank AG	4,61 %	Banken
E.ON AG	4,06 %	Versorger
Deutsche Telekom AG	3,82 %	Telekommunikation
Volkswagen AG (Vorzüge)	3,74 %	Automobile
Linde AG	3,70 %	Chemieindustrie
BMW AG	3,54 %	Automobile
Münchener Rückversiche-rung AG	3,26 %	Versicherung
RWE AG	2,31 %	Versorger
Deutsche Post AG	2,26 %	Industriegüter und Dienstleistungen
ADIDAS AG	2,13 %	Haushalts- und Konsumgüter
Fresenius Medical Care AG & Co. KG	1,71 %	Gesundheitswesen
Fresenius SE & Co. KGaA	1,65 %	Gesundheitswesen

Wertpapier	Gewichtung	Branche
Henkel AG & Co. KGaA (Vorzüge)	1,64 %	Haushalts- und Konsumgüter
Continental AG	1,33 %	Automobilteile
Deutsche Börse AG	1,30 %	Finanzdienstleistungen
ThyssenKrupp AG	1,03 %	Industriegüter und Dienstleistungen
Infineon Technologies AG	1,00 %	Technologie
Deutsche Lufthansa AG	0,99 %	Reise und Freizeit
Merck KGAA	0,98 %	Gesundheitswesen
Heidelberger Zement AG	0,97 %	Baugewerbe und Werkstoffe
Commerzbank AG	0,95 %	Banken
Beiersdorf AG	0,92 %	Haushalts- und Konsumgüter
K+S AG	0,91 %	Chemieindustrie
Lanxess AG	0,83 %	Chemieindustrie

Tabelle 1.5: Zusammensetzung des DAX® (Quelle: www.iShares.de; Stand: 31.12.2012).

Alle vollständig replizierenden DAX®-ETFs wie z. B. der iShares DAX® (DE) oder der ETFlab DAX® enthalten die aufgelisteten Aktien in der exakt gleichen Gewichtung.

Diese Methodik ist einfach und für Indizes mit einer überschaubaren Anzahl von Wertpapieren naheliegend, stößt jedoch an seine Grenzen, wenn ein Index eine sehr hohe Anzahl von Wertpapieren enthält, da die Umsetzung im Portfoliomanagement oft mit erhöhten Kosten und administrativem Aufwand bei Indexanpassungen verbunden ist, insbesondere wenn Wertpapiere aus verschiedenen Ländern und Zeitzonen im Index enthalten sind. Diese Umstände können zulasten der Genauigkeit der Indexabbildung gehen.

1.3.2 Optimierte Abbildung durch Sampling

Gerade bei Indizes mit einer hohen Anzahl an Wertpapieren wenden ETF-Anbieter die Sampling-Methode zur Abbildung des Index im Falle einer physischen Replikation an. Dabei wird eine Teilauswahl der Wertpapiere bei der Selektion und Gewichtung so optimiert, dass die Abweichungen zum Originalindex hinsichtlich Wertentwicklung und Schwankungsintensität möglichst gering ausfallen. Der sogenannte Tracking Error als Maß für die Genauigkeit der Indexabbildung wird dadurch erwartungsgemäß höher sein als im Falle der vollständigen Replikation. Ebenso kann die absolute Differenz der Wertentwicklung (Tracking-Differenz) zwischen ETF und Index spürbare Werte (positiv wie negativ) annehmen. Ein bekannter Index, der sich im ETF nicht durch vollständige Replikation darstellen lässt, ist der MSCI All Countries World Index mit rund 2.600 Aktien. Der darauf basierende iShares MSCI ACWI ETF enthält 749 Aktien im Sondervermögen (Stichtag: 31.12.2012), der SPDR® MSCI ACWI UCITS ETF bildet den gleichen Index mit 704 Aktien ab (Stichtag: 31.12.2012).

1.3.3 Synthetische Abbildung mit Swaps

Die dritte marktübliche Methode im Portfoliomanagement von ETFs ist die synthetische Indexabbildung über einen Swap. Dabei unterscheidet man wiederum drei Varianten. Die ursprüngliche Form (1. Generation) stellen sogenannte unfunded Swaps dar. Dabei enthält das Sondervermögen des ETFs einen Wertpapierkorb, der den Liquiditäts- und Diversifkationsanforderungen für OGAW-konforme ETFs entspricht, aber in der Regel wenige oder keine Überschneidungen mit dem abzubildenden Index aufweist. Erst ein sogenannter Swap-Vertrag (Tauschgeschäft) zwischen dem Sondervermögen und einer Bank sorgt dafür, dass die Wertentwicklung des Wertpapierkorbes gegen die des abzubildenden Index getauscht wird und der ETF-Investor tatsächlich an der Wertentwicklung des Index partizipiert. Gerade bei Indizes mit einer hohen Anzahl an Wertpapieren kann die Sampling-Methode zu Ungenauigkeiten bei der Indexabbildung führen. Swap-basierte ETFs sind dagegen in der Lage, bessere Ergebnisse zu liefern, da die Swap-Gegenpartei vertraglich verpflichtet ist, exakt die Indexperformance im Austausch gegen die des Wertpapierkorbes zu liefern. Zusätzlich ermöglichen Swap-basierte Lösungen die Abbildung von Rohstoffindizes im ETF, da diese auf Basis von Terminkontrakten aufgebaut sind und eine physische Abbildung dadurch nicht OGAW-konform darstellbar ist. Die Abbildung von innovativen Ideen wie Short- und Leverage-Indizes ist ebenso ausschließlich in einem Swap-basierten ETF möglich.

Durch die unterschiedliche Wertentwicklung des Wertpapierkorbes und des im ETF abgebildeten Index kann eine Verbindlichkeit der Swap-Gegenpartei gegenüber dem Sondervermögen entstehen, und zwar genau dann, wenn der abgebildete Index eine Outperformance gegenüber dem Wertpapierkorb aufbaut. Nach den OGAW-Regeln darf dieser Wert nie höher als 10 Prozent des Wertes des Sondervermögens sein. In der Praxis haben die meisten Anbieter von Swap-basierten ETFs freiwillig niedrigere Grenzen gesetzt, um das Risiko des Anlegers zu reduzieren. Erreicht der Wert des Swaps diesen Schwellenwert (z.B. 7 Prozent des Sondervermögens im Falle des französischen ETF-Anbieters Ossiam oder 5 Prozent im Falle von db X-trackers), wird der Wert der Verbindlichkeit aus dem Swap-Vertrag durch Zahlung eines Barausgleiches unmittelbar wieder auf den Wert 0 gesetzt. Ebenso erhöhen Barausgleichzahlungen, die unabhängig vom Wert des Swap-Vertrages zu festen regelmäßigen Terminen vorgenommen werden, die Sicherheit dieser Replikationsmethode. Selbstverständlich kann auch die umgekehrte, für den Anleger risikolose Situation eintreten, in der das Sondervermögen dem Swap-Partner eine Ausgleichszahlung schuldet, und zwar genau dann, wenn die Wertentwicklung des Wertpapierkorbes über der des abzubildenden Index liegt. Einige wenige Anbieter von Swap-basierten ETFs diversifizieren das Gegenparteirisiko durch Aufteilung der Swap-Geschäfte auf mehr als einen Geschäftspartner. Diese Methode wird insbesondere dort praktiziert, wo kein integriertes Geschäftsmodell der ETF-Gesellschaft mit einer Investmentbank als deren Eigentümer vorliegt. Von Anbietern wie iShares, Source und Ossiam ist bekannt, dass mehrere Swap-Partner als Gegenparteien möglich sind, während beispielsweise db X-trackers, Lyxor oder ComStage ausschließlich mit der konzernzugehörigen Investmentbank Swap-Geschäfte abschließen. Abbildung 1.2 verdeutlicht die Zahlungsströme eines unfunded Swap-basierten ETFs.

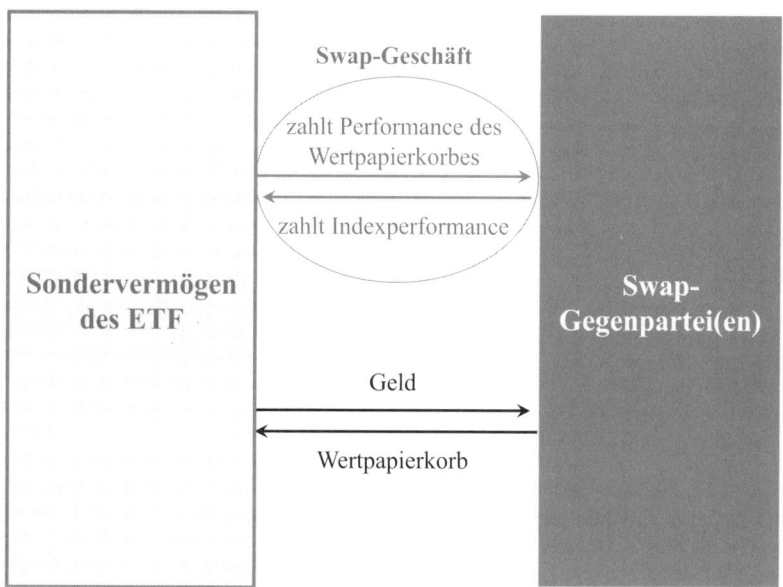

Abbildung 1.2: Zahlungsströme beim unfunded Swap-basierten ETF.

Die Beispiele in Tabelle 1.6 zeigen, wie sich der Wert eines Swaps bei einer fiktiven Wertentwicklung des Wertpapierkorbes und des abzubildenden Index entwickelt. Es steigen sowohl Index und Wertpapierkorb, der Index jedoch stärker. Es entsteht ein Gegenparteirisiko für das Sondervermögen.

Tag	1	2	3
Index	100	104	108
Wertpapierkorb	100	101	107
Swap-Wert	0	3	1
ETF-Anteilswert	100 Euro	104 Euro	108 Euro
Gegenpartei-Exposure	0 / 100 = 0	3 / 104 = 2,88 %	1 / 108 = 0,93 %

Tabelle 1.6: Beispiel für Aufbau eines Gegenparteirisikos beim unfunded Swap.

In Tabelle 1.7 wird dargestellt, wie durch die unterschiedliche Wertentwicklung von Index und Wertpapierkorb eine Ausgleichszahlung des Swap-Partners durch Überschreiten der für OGAW-ETFs maßgeblichen Obergrenze für den Wert eines Swaps in Höhe von 10 Prozent des Sondervermögens ausgelöst wird.

Tag	1	2 (vor Reset)	2 (nach Reset)
Index	100	106	106
Wertpapierkorb	100	95	106
Swap-Wert	0	11	0
ETF-Anteilswert	100 Euro	106 Euro	106 Euro
Gegenpartei-Exposure	0 / 100 = 0	11 / 106 = 10,4 %	0 / 106 = 0

Tabelle 1.7: Beispiel für Auslösung einer Reset-Zahlung durch die Swap-Gegenpartei und deren Reinvestition in den Wertpapierkorb beim unfunded Swap.

Tabelle 1.8 verdeutlicht den Fall, der kein Risiko für das Sondervermögen darstellt. Eine Zahlungsverpflichtung zugunsten des Swap-Partners kann entstehen, wenn der Wertpapierkorb eine höhere Wertentwicklung als der Index aufweist.

Tag	1	2 (vor Reset)	2 (nach Reset)
Index	100	103	103
Wertpapierkorb	100	106	103
Swap-Wert	0	−3	0
ETF-Anteilswert	100 Euro	103 Euro	103 Euro
Gegenpartei-Exposure	0 / 100 = 0	−3 / 103 = −2,91 %	0 / 103 = 0

Tabelle 1.8: Beispiel für Auslösung einer Reset-Zahlung durch das Sondervermögen an die Swap-Gegenpartei durch Verkauf eines Teils des Wertpapierkorbes beim unfunded Swap.

Sogenannte funded Swaps als Vertragsgrundlage zwischen Sondervermögen und Bank als Gegenpartei unterscheiden sich von den unfunded Swaps dadurch, dass eine Besicherung des Swap-Wertes stattfindet. Das ohnehin niedrige Gegenparteirisiko wird durch Hinterlegung von liquiden Sicherheiten seitens der Bank als Swap-Partner mindestens in der Höhe des aktuellen Swap-Wertes bei einer neutralen Verwahrungsstelle zusätzlich abgesichert. Sollte die Bank ihre Zahlungsverpflichtungen aus dem Vertrag nicht leisten können, hätte der Fondsmanager des ETF-Sondervermögens oder der Treuhänder für die hinterlegten Sicherheiten das Recht, diese unmittelbar zu verwerten.

Im Gegensatz zum unfunded Swap und funded Swap ist im Falle des fully funded Swaps kein Wertpapierkorb im Sondervermögen des ETFs mehr im Spiel. Der Fondsmanager eines solchen ETFs investiert ausschließlich in einen Swap-Vertrag als Vermögensgegenstand des Sondervermögens, der voll besichert wird. In der Praxis wird sogar übersichert, indem 100 bis 130 Prozent des Sondervermögens als Sicherheiten beim Treuhänder hinterlegt werden. Wie beim funded Swap würde eine sofortige Verwertung der Sicherheiten im Falle eines Zahlungsausfalles des Swap-Partners des ETFs vorgenommen werden. Abbildung 1.3 verdeutlicht die geschilderten Zusammenhänge.

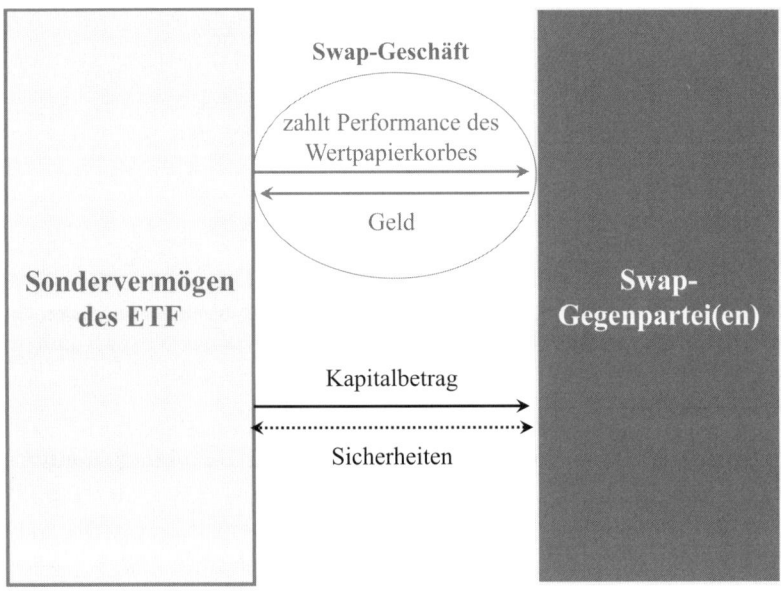

Abbildung 1.3: Zahlungsströme beim fully funded Swap-basierten ETF.

Bei allen drei Varianten der synthetischen Replikation bleibt auch im Falle einer Besicherung ein geringes Restrisiko bestehen, da die Sicherheiten Wertschwankungen ausgesetzt sind. Im Falle von Marktverwerfungen kann die Zahlungsverpflichtung aus dem Swap-Geschäft durch die Verwertung der Sicherheiten möglicherweise nicht ausgeglichen werden.

1.3.4 Risiken der verschiedenen Replikationsmethoden

Die verschiedenen Replikationsmethoden sind oft auf den gleichen Index anwendbar, sodass der Anleger über verschiedene Anbieter seine Wunschmethode auswählen kann. Im Falle des US-amerikanischen S&P 500 Index hat man die Wahl zwischen vollständiger physischer Replikation (SPDR® S&P 500), optimierter physischer Replikation (iShares S&P 500) und Swap-basierten Varianten der Anbieter Amundi, db X-trackers, ComStage oder Lyxor. Dabei sollte jeder Anleger die unterschiedlichen Risiken, die mit der Abbildungsmethode verbunden sind, verstehen.

Das Tracking-Error-Risiko beschreibt das Risiko, einen Index weniger genau abzubilden. Für sehr liquide Indizes wie den DAX® oder den Euro STOXX 50 gibt es nur vernachlässigbare Risiken hinsichtlich der Genauigkeit der Indexabbildung, und zwar unabhängig von der Abbildungsmethode. Insbesondere bei optimiert physisch replizierenden ETFs kann es zu relevanten Risiken kommen. Die Swap-Methode stellt im Allgemeinen die genaueste Abbildungsmethode dar.

Das Gegenparteirisiko kann, wie im vorhergehenden Abschnitt beschrieben, aus Derivategeschäften in Swap-basierten ETFs bestehen. Bei physisch replizierenden ETFs kann ein Gegenparteirisiko aus Wertpapierleihegeschäften resultieren. Sehr oft führen die Portfoliomanager von physischen ETFs Wertpapierleihegeschäfte durch, um Zusatzerträge mit dem Sondervermögen zu erwirtschaften. Dabei kommt dem Anleger ein Anteil von bis zu 60 Prozent dieser Erträge in Form von zusätzlicher Performance zu. Während Gegenparteirisiken aus Swap-Geschäften durch die OGAW-Richtlinie verbindlich geregelt und limitiert sind, fällt das aus Wertpapierleihegeschäften resultierende Gegenparteirisiko unter Risiken aus sonstigen Geschäften und wird nicht explizit geregelt. Die Aufsichtsbehörden haben jedoch klar geäußert, dass eine Begrenzung durch die Ausstellergrenzen (20 Prozent) anwendbar ist. »So gehen ja nicht nur ETFs, sondern Investmentfonds allgemein vor. Wertpapierleihe ist nicht per se ein riskantes Geschäft. Ich halte physisch replizierende ETFs auf jeden Fall für eine sehr gute, innovative Struktur. Der Risikoaspekt spielt – bei aller Vorsicht – für mich nur eine Hintergrundrolle«, so schätzt Professor Dr. Christian Schlag vom Lehrstuhl für Derivate und Financial Engineering im House of Finance der Goethe-Universität Frankfurt am Main das praktische Risiko von Wertpapierleihegeschäften in physischen ETFs ein.[20]

Im Falle von physisch replizierenden ETFs, die Wertpapierleihegeschäfte durchführen, und Swap-basierten ETFs mit funded Swaps werden Sicherheiten gestellt, deren Qualitätseigenschaften ein Risiko darstellen. Liquiditätsrisiken sind im Zusammenhang mit relativ hohen Zu- oder Abflüssen im ETF zu sehen, wenn dieser einen weniger liquiden Index abbildet. Sie spielen aber auch dann eine Rolle, wenn Sicherheiten im Falle eines Ausfalls der Gegenpartei zu verwerten sind. Deswegen findet oft eine Übersicherung statt.

Während die Aufsichtsbehörden bis Mitte 2011 verstärkt das potenzielle Ausfallrisiko einer Gegenpartei bei Swap-basierten ETFs kritisch beäugt haben, sind im Anschluss verstärkt die Risiken aus Wertpapierleihegeschäften, die ausschließlich bei physisch replizierenden ETFs vorkommen, in den Fokus gerückt. Im Juli 2012 veröffentlichte die European Securities and Markets Authority (ESMA) ein Papier mit dem Titel »ETF Guidelines«, das neue Richtlinien für ETFs und andere OGAW-konforme Investmentfonds als Entwurf formuliert und neue Regelungen für Wertpapierleihegeschäfte beinhaltet. »Darin fordert sie, dass ETF-Anbieter regelmäßig enthüllen, wie viel Verleihgebühr mindestens dem Fonds zufließen muss. Zudem reiche es nicht aus, die Verleihartikel [Wertpapiere, Anm. des Verfassers] zu besichern. Vielmehr solle auch der Agent, der den Vorgang vermittelt

---

[20]   Schlag, Christian, Interview »Im positiven Sinne langweilig«, *Frankfurter Allgemeine Zeitung*, Sonderveröffentlichung zum Thema ETFs, 2012.

hat, für eventuelle Ausfälle haften. Und schließlich soll der Verleiher seine Verträge so gestalten, dass er die verliehenen Papiere jederzeit zurückrufen kann.«[21]

Aus einer im Sommer 2012 von Morningstar durchgeführten Untersuchung geht hervor, dass etwa 45 Prozent der Ende 2011 am europäischen Markt zugelassenen physisch replizierenden ETFs im vergangenen Jahr von der Wertpapierleihe Gebrauch gemacht haben. 76 Prozent der Aktien-ETFs haben ihre Bestände verliehen. Die Quote liegt im Falle von Anleihen-ETFs nur bei 24 Prozent. Anders sieht indes das Ausmaß der Wertpapierleiheaktivität im Einzelnen aus: 46 Prozent der 2011 verliehenen Wertpapiere stammten von Aktien-ETFs, während Anleihen 54 Prozent des aus ETFs verliehenen Wertpapiervermögens ausmachten. Ein Großteil dieser Anleihen waren Staatsanleihen. Grundsätzlich darf ein Fonds mit dem gesamten Sondervermögen Wertpapierleihegeschäfte durchführen. Der Auslastungsgrad hängt stark von der Profitabilität der Geschäfte ab. 2012 war eine der auffälligsten Entwicklungen, dass iShares eine freiwillige Beschränkung für Wertpapierleihegeschäfte von maximal 50 Prozent des ETF-Vermögens eingeführt hat. ETFlab verzichtet in ihren ETFs, die Indizes auf deutsche Staatsanleihen vollständig auf Wertpapierleihegeschäfte abzubilden, während die Verleihquote vorher oft bei 100 Prozent lag.[22]

Der Sicherheitsstandard von Wertpapierleihegeschäften hängt im Wesentlichen von der Auswahl der Geschäftspartner und den Qualitätsanforderungen an die Wertpapiere im Sicherheitenportfolio ab. Das Wiederanlagerisiko im Falle einer Sicherheitenverwertung nach Ausfall einer Gegenpartei lässt sich durch Anforderungen an die Liquidität der Sicherheiten begrenzen.

---

[21] *Private Banking Magazin*, Angst vor dem Ausfall, Ausgabe 4, 2012, S. 55, hrsg. von Peter Ehlers, Hamburg 2012.

[22] Bioy, Hortense / Rose, Gordon, Securities Lending in physical ETFs: A review of providers' practices, August 2012, S. 7 f.

Tabelle 1.9 vermittelt einen Überblick über die aktuelle praktische Umsetzung von Wertpapierleihegeschäften in physisch replizierenden ETFs bei einer Auswahl von Anbietern.

	iShares	ETFlab	SPDR® ETFs	UBS
Anzahl physischer ETFs per 30.06.2012	148	38	41	44
davon als Verleiher aktiv (Daten für 2011)	78	38	12	27
aktuelles Limit (2012)	50 %	100 %	70 %	100 %
erreichtes Limit (2011)	100 %	100 %	58 %	82 %
Partizipation der ETFs an den Leiheerträgen	60 % der Bruttoerträge	100 % der Nettoerträge	60 % der Bruttoerträge	variabel
Gegenparteien	Drittparteien	DekaBank, CBF, Drittparteien	Drittparteien	Drittparteien (Domizile Irland und Luxemburg) UBS (Domizil: Schweiz)
Zulässige Sicherheiten und Besicherungsniveau				
Aktien / **Staatsanleihen** / **CDs und Bargeld**	110–112 % / 102,5–108 % / 103,5–108 %	103–110 % / 103–110 % / –	102–105 % / 102–105 % / –	102–115 % / 101–105 % / –
Entleiherausfallentschädigung	ja	nein*	ja	ja**

Tabelle 1.9: Wesentliche Merkmale in der Praxis von Wertpapierleihegeschäften für unterschiedliche ETF-Anbieter, * anders geregelt, ** nicht anwendbar für ETFs mit Domizil Schweiz (Quelle: Morningstar[23]).

[23]   Bioy, Hortense / Rose, Gordon, Securities Lending in physical ETFs: A review of providers' practices, August 2012, S. 17.

Die wesentlichen Merkmale der unterschiedlichen Replikationsmethode werden in Tabelle 1.10 mit Bezugnahme auf die damit einhergehenden Risiken zusammengefasst.

Merkmal bzw. Risiko-quelle	physische Replikation		synthetische Replikation mit Swap		
	vollständig	optimiert	unfunded	funded	fully funded
Tracking-Error-Risiko	niedrig bei hoch liquiden Indizes	kann signifikant sein	niedrig, aber nicht 0		
Struktur des Sondervermögens	100 % Wertpapiere des Basiswertes		mindestens 90 % Wertpapiere maximal 10% Swap		100 % Swap, Sicherheiten mindestens i.H.v 108 % des Swap-Wertes
	vollständig	Auswahl			
Gegen-parteirisiko	Hauptquelle: Wertpapierleihegeschäfte		Hauptquelle: Ausfallrisiko der/des Swap-Partner(s)		
Besicherung Swap	entfällt		Wertpapierkorb gemäß OGAW-Richtlinien im Sondervermögen	100–130% des Swap-Wertes: Aktien und Anleihen, die die Konzentrationslimite für Aussteller beachten	
Anzahl Swap-Partner	entfällt		häufig nur einer im Falle konzerninterner Bank oder mehrere (bis zu vier in der Praxis) für Bank-unabhängige Anbieter		
Besicherung Wertpapierleihe	bisher durch die Zulässigkeit der Wertpapiere für OGAW-konforme ETFs geregelt		entfällt		
Liquiditäts-risiko	bei hohen Zu- und Abflüssen im Falle relativ illiquider Indizes				

Merkmal bzw. Risiko-quelle	physische Replikation		synthetische Replikation mit Swap		
	vollständig	optimiert	unfunded	funded	fully funded
Basiswerte	liquide Indizes	Indizes mit vielen Titeln	alle Arten von Indizes		
Mögliche Strategien	long		long, short, leveraged		

Tabelle 1.10: Wesentliche Merkmale und Risiken der unterschiedlichen Replikationsmethoden von ETFs.[24, 25]

1.4 Was sind Indizes?

Das Anlageziel von ETFs besteht in der möglichst genauen Abbildung eines Index, der sich auf Aktien, festverzinsliche Wertpapiere, Währungen, Rohstoffpreise oder Fonds beziehen kann. Die Ursprünge der Indexberechnung stammen aus dem Universum der Aktien. Der erste und heute noch wohl bekannteste Aktienindex ist der Dow Jones Industrial Index, den die Herausgeber des *Wall Street Journal*, Charles Henry Dow und Edward David Jones, am 26. Mai 1896 erstmalig berechnet haben. Ziel des Index war es, die wichtigsten Wirtschaftssektoren der USA mit anfänglich zwölf Titeln zu repräsentieren. Inzwischen gibt es eine Vielzahl von Indizes unterschiedlichster Anbieter. Die Berechnung erfolgt immer nach klar definierten Regeln, um die Nachvollziehbarkeit sicherzustellen. Indexbetreiber sind häufig Finanzverlage, aber auch Börsen, Banken oder Ratingagenturen. Die ursprüngliche Idee eines Index war seine Funktion als Marktbarometer. Als sogenannte Benchmark dient er im Rahmen der Performancemessung als Vergleichsmaßstab bei der Leistungsbeurteilung von Fonds-

---

[24] Goltz, Felix / Tang, Lin, EDHEC-Risk Institute, The EDHEC European ETF Survey 2011, März 2012, S. 32 f.

[25] Johannig, Lutz / Becker, Marc / Seeber, Mark, Unterschiede und Gemeinsamkeiten börsennotierter, passiver Investmentprodukte, Studie im Auftrag der Deutsche Bank AG, Oktober 2011, S. 17.

managern und Vermögensverwaltern. Als Basiswert eines Finanzproduktes sorgt ein Index für ausreichende Diversifikation und grenzt indexierte Produkte von denen auf Einzeltitelbasis ab.[26]

Wertpapierindizes sind in der Regel sogenannte Preisindizes nach Étienne Laspeyres (1834–1913, deutscher Nationalökonom und Statistiker), bei denen der heutige Preis der Wertpapiere mit dem aus der Basisperiode ins Verhältnis gesetzt wird.

Der Auswahl eines Index als Benchmark oder Basisinstrument eines ETFs kommt große Bedeutung zu, da sich aufgrund der unterschiedlichen Konzepte und Regeln signifikante Performance-Abweichungen bei Abbildung desselben Marktes ergeben können. Erst nach einer sorgfältig erwogenen Auswahl eines Index steht die Entscheidung für ein entsprechendes Exchange-Traded Product (ETP) an.

Für die Berechnung und Veröffentlichung von Finanzindizes unterschiedlicher Anlageklassen gibt es eine Reihe von bekannten Anbietern, darunter bekannte Namen wie z.B. S&P Dow Jones, MSCI, STOXX. Die Kapitalmarktabteilungen der Investmentbanken gelten ebenfalls als kompetente Stellen für die Berechnung von Indizes auf Spezialthemen. Als Basiswerte für ETFs finden sich Indizes der führenden Häuser mit den in Tabelle 1.11 aufgeführten Marktanteilen.

Indexanbieter	Schwerpunkt	Marktanteil
STOXX	Aktien	27,6 %
MSCI	Aktien	22,8 %
Markit	Anleihen	7,7 %
S&P Dow Jones	Aktien	7,7 %
FTSE	Aktien	7,6 %

---

[26] Commerzbank AG, Zentrales Geschäftsfeld Corporates and Markets Equity Derivatives, Handbuch für Indizes, Frankfurt am Main, 1. Auflage, 2008, S. 18 ff.

Indexanbieter	Schwerpunkt	Marktanteil
Barclays Capital	Anleihen	5,3 %
Euro MTS	Anleihen	2,2 %
NYSE Euronext	Aktien	1,8 %
Deutsche Bank	Währungen, Alternatives	1,7 %
NASDAQ OMX	Aktien	1,5 %
Diverse	Diverse	14,2 %
Summe		**100 %**

Tabelle 1.11: Marktanteile und Spezialisierung auf Anlageklasse der Indexanbieter (Quelle: ETFGI; Stand: 31.12.2012).

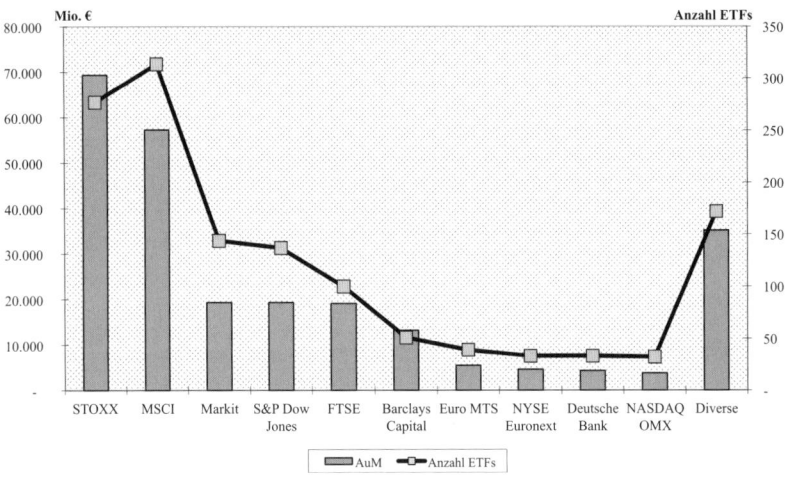

Abbildung 1.4: Verwaltete Vermögen und Anzahl ETFs der Indexanbieter in Europa (Quelle: ETFGI; Stand: 31.12.2012).

1.4.1 Aktienindizes

Aktienindizes sind die bekanntesten Indizes und sind am häufigsten die Basiswerte von ETFs. Ein Beispiel soll das Grundprinzip der Indexberechnung verdeutlichen: In der Regel dient als Gewichtungskriterium die Marktkapitalisierung der enthaltenen Aktien, die sich aus dem Produkt der Anzahl der ausgegebenen Aktien einer Gesellschaft und ihrem aktuellen Kurs errechnet. Um einen Index zum Startzeitpunkt auf den Wert 100 zu normieren, ist im Beispiel die Summe der Marktkapitalisierung aller Aktien durch 335 zu teilen.

Aktie	Anzahl Aktien	Aktienkurs (Startzeitpunkt)	Marktkapitalisierung	Gewicht
A	100	80	8.000	23,88 %
B	150	90	13.500	40,30 %
C	200	60	12.000	35,82 %
Summe			33.500	100,00 %

Tabelle 1.12: Beispiel für Indexberechnung (Startzeitpunkt).

Aktie	Anzahl Aktien	Aktienkurs (Endzeitpunkt)	Marktkapitalisierung	Gewicht
A	100	90	9.000	26,09 %
B	150	70	10.500	30,43 %
C	200	75	15.000	43,48 %
Summe			34.500	100,00 %

Tabelle 1.13: Beispiel für Indexberechnung (Endzeitpunkt).

Die Änderungen der Aktienkurse führen zum Endzeitpunkt zu neuen Werten für die jeweilige Marktkapitalisierung der Aktien. Die Summe wird wieder durch 335 (1/100 der Marktkapitalisierung am Startzeitpunkt) geteilt und führt zu einem Indexstand in Höhe von 102,99. Bei einem Ausgangswert von 100 bedeutet dies einen durchschnittlichen Anstieg der Aktienkurse um 2,99 Prozent. In der täglichen Berechnungspraxis müssen die Indexbetreiber Dividendenzahlungen und Kapitalmaßnahmen (aus Fusionen und Übernahmen resultierend) sowie Veränderungen der Indexzusammensetzung, die sich aus dem Regelwerk ergeben, nachvollziehen.

Aktiengesellschaften schütten häufig Dividenden an ihre Aktionäre aus. Diese Zahlungen werden bei sogenannten Kursindizes nicht beachtet, während Performance-Indizes (auch Total-Return-Indizes genannt) von einer Wiederanlage der Dividendenzahlungen in die jeweilige Aktie ausgehen. Der prominenteste Vertreter der Performance-Indizes ist der DAX®.

Während in den Anfängen des Indexing (beim Dow Jones Industrial Average) die Anzahl der ausgegebenen Aktien keine Rolle bei der Indexberechnung spielte, wird heute überwiegend die Marktkapitalisierung als Gewichtungskriterium herangezogen. Viele Indexanbieter betrachten dabei nur die sich im Streubesitz befindlichen Aktien und klammern Festbesitzanteile bewusst aus, um ein verzerrtes Bild der Börsenliquidität zu vermeiden. Der Markt bietet auch alternative Indexberechnungsmethoden wie zum Beispiel Gleichgewichtung oder die Berücksichtigung fundamentaler Unternehmenskennzahlen wie zum Beispiel des Kurs-Gewinn-Verhältnisses oder des Buchwerts einer Aktie. Risikogewichtete Indizes wie Minimum-Varianz-Indizes, die eine niedrige Volatilität auszeichnen, finden zunehmend Beachtung als Basiswerte für ETFs.

Um das Geschehen auf den Aktienmärkten möglichst genau abzubilden, besteht der Anspruch an einen Index, alle marktrelevanten Aktien in der Berechnung zu berücksichtigen und generell möglichst breit gestreut zu sein. Diesen Anspruch erfüllen sogenannte Gesamtmarktindizes, die sich durch eine hohe Anzahl von Indexmitgliedern auszeichnen.

Index	Region	Anzahl Titel
MSCI World	Global	ca. 1.880
S&P IFCI	Emerging Markets	ca. 2.090
STOXX® 600 Europe	Europa	600
Russel 3.000	USA	3.000

Tabelle 1.14: Beispiele für Gesamtmarktindizes.

Blue-Chip-Indizes konzentrieren sich auf die Top-Werte eines betrachteten Marktes und enthalten eine relativ niedrige Anzahl an Aktien von Unternehmen mit den höchsten Börsenwerten.

Index	Region / Land	Anzahl Titel
DAX®	Deutschland	30
CAC 40	Frankreich	40
FTSE 100	Großbritannien	100
Euro STOXX 50	Eurozone	50
SMI	Schweiz	20
Nikkei 225	Japan	225
S&P 100	USA	100

Tabelle 1.15: Beispiele für Blue-Chip-Indizes.

Branchen- oder Sektorindizes messen die Wertentwicklung der Aktien, die den jeweiligen Sektor repräsentieren. Durch die Konzentration auf einen Sektor ist davon auszugehen, dass die Indexmitglieder eines

Sektorindex untereinander höher korrelieren als die Aktien eines breit diversifizierten Index. Der Diversifikationseffekt ist daher nur eingeschränkt wirksam. Dadurch, dass das Ausgangsuniversum der relevanten Aktien für manchen Sektor relativ klein ist, kann in so manchem Sektor eine hohe Konzentration zugunsten einer oder mehrerer Aktien zu beobachten sein. Die bekanntesten Vertreter sind die europäischen Sektorindizes des Indexanbieters STOXX und die globalen Sektorindizes von S&P Dow Jones Indices.

Regionale Indizes bilden länderübergreifend die Wertentwicklung von Aktien einer Region ab. Nach der Einführung des Euro haben paneuropäische Aktienindizes wie der Euro STOXX 50 zahlreiche Länderindizes an Bedeutung übertroffen. Tabelle 1.16 listet einige der bekanntesten regionalen Aktienindizes auf.

Index	Region	Länder
STOXX 600 Europe	Europa	alle europäischen Staaten
Euro STOXX 50	Euroland	Euro-Mitgliedstaaten
CECE Index	Osteuropa	Polen, Tschechien, Ungarn
MSCI North America	Nordamerika	USA, Kanada
MSCI EM Latin America	Lateinamerika	Mexiko, Brasilien, Kolumbien, Chile, Peru

Tabelle 1.16: Beispiele für regionale Aktienindizes.

Hinter Strategieindizes können unterschiedliche Indexkonzepte stehen. Neben der Marktkapitalisierung sind zusätzliche Kriterien für die Titelauswahl verantwortlich. Am bekanntesten ist die Dividendenstrategie. Dabei werden diejenigen Aktien aus einem Anlageuniversum ausgewählt, welche die höchsten Dividendenrenditen aufweisen. Tabelle 1.17 gibt einen Überblick über die bekanntesten Dividendenindizes:

Index	Region / Land	Anzahl Titel
DivDAX®	Deutschland	15
Euro STOXX Select Dividend 30	Euroland	30
STOXX Europe Select Dividend 30	Europa	30
Dow Jones Asia Pacific Select Dividend 30	Asien / Pazifik	30

Tabelle 1.17: Beispiele für Dividendenstrategie-Indizes.

Indexanbieter bieten in der Regel nicht nur einen Aktienindex isoliert an, sondern oft ganze Indexfamilien, die das Regelwerk auf unterschiedliche Marktteilbereiche anwenden und wobei sich die jeweiligen Indizes ergänzen. Dies lässt sich am Beispiel der Blue-Chip-Indizes der DAX®-Familie (Deutsche Börse AG) gut erläutern. Bei allen Indizes kann jede Aktie nur mit einem Maximalgewicht von 10 Prozent vertreten sein, und jede Aktie wird im Marktsegment Prime-Standard der Deutschen Börse gehandelt.

Blue-Chip Index	Beschreibung	Anzahl Titel
DAX®	die größten Unternehmen, die an der Deutschen Börse gehandelt werden	30
MDAX®	Mid Caps (mittelgroße Unternehmen)	50
SDAX®	Small Caps (kleinere Unternehmen)	50
TecDAX®	Technologieunternehmen	30
HDAX®	Zusammenfassung von DAX®, MDAX® und TecDAX®	110

Tabelle 1.18: Überblick über DAX®-Blue-Chip-Index-Familie (Quelle: Deutsche Börse AG).

1.4.2 Anleihenindizes

Kursbarometer für festverzinsliche Wertpapiere haben gerade seit Beginn der Finanzkrise im Jahr 2008 stark an Bedeutung gewonnen, insbesondere um die stark unterschiedliche Wertentwicklung von Staatsanleihen im Ländervergleich transparent zu machen. Gerade in Perioden, in denen Investoren besonders risikoavers agieren, sind regelmäßig verstärkt Zuflüsse in ETFs zu beobachten, die die Wertentwicklung risikoarmer festverzinslicher Wertpapiere, z.B. deutscher Staatsanleihen, indexiert abbilden. In einem Niedrigzinsumfeld bedingt die Suche nach Rendite auch Mittelzuflüsse in Unternehmensanleihen (Investment-Grade- und Hochzinssegment) via ETFs.

Bei Anleihen- bzw. Rentenindizes differenziert man in erster Linie nach der regionalen Herkunft der Emittenten, der Anleihenwährung, dem Typ und dem Rating der Emittenten. Dabei unterscheiden sich die verschiedenen Indexanbieter im Regelwerk.

Die wichtigsten Indexanbieter für Anleihen sind in Tabelle 1.19 mit ihren Spezialitäten aufgeführt:

Indexanbieter	Spezialität	Beschreibung
Barclays Capital	Aggregate-Indizes	aggregierte Gesamtmarktindizes inklusive Staats- und Unternehmensanleihen
eb.rexx (Deutsche Börse)	deutsche Staatsanleihen und Jumbo-Pfandbriefe	liquide Indizes mit wenigen Anleihen verschiedene Laufzeitbänder
Markit iBoxx	europäische Staats- und Unternehmensanleihen	Fokussierung auf liquide Marktsegmente
JP Morgan	Emerging-Markets-Anleihen	Fokussierung auf liquide Marktsegmente

Tabelle 1.19: Überblick über bedeutende Anbieter von Anleihenindizes.

Wie auch bei Aktienindizes bieten Indexanbieter Familien mit konsistentem Regelwerk und schlüssigen Auswahlkriterien für Anleihenindizes an. Am Beispiel der Barclays Capital Global Family of Indices soll dies verdeutlicht werden: Am 3. November 2008 hat Barclays die Umbenennung der ehemaligen Lehman-Brothers-Indizes angekündigt, unmittelbar nach Erwerb des nordamerikanischen Investmentbanking-Geschäfts aus der Konkursmasse von Lehman Brothers Inc. Der Barclays Capital Global Aggregate Bond Index wird bereits seit 1973 berechnet und dient als Benchmark für über 1.500 Milliarden US-Dollar verwaltetes Vermögen. Er repräsentiert mehr als 10.000 festverzinsliche Wertpapiere und dient daher zu Recht als Gesamtmarkt-Barometer.

Global Aggregate			
US Aggregate	Pan-European Aggregate	Asia-Pacific Aggregate	andere globale Komponenten
	Euro Aggregate		
	Euro Corporate		
	Euro Short Treasury		

Tabelle 1.20: Aufbau der Barclays Capital Global Aggregate Index Familie.[27]

Die Idee des Indexkonzepts sieht vor, alle Anleihen, die im Investment-Grade-Bereich angesiedelt sind, in einer Währung bzw. über mehrere Währungen zu repräsentieren. Gemäß dem Regelwerk kommen daher ausschließlich Anleihen für eine Aufnahme in den Index infrage, deren mittleres Rating durch die Agenturen Standard & Poor's, Moody's und Fitch mindestens BBB– bzw. Baa3 entspricht. Stehen nur zwei Ratings zur Verfügung, wird das konservativere herangezogen, im Falle von nur einem Rating ist dieses relevant. Ein weiteres Auswahlkriterium stellt

---

[27] BlackRock, Fixed Income Guide from iShares, Mai 2010, S. 18.

die Höhe der Emissionsbeträge dar, die im Falle von US-Dollar-Anleihen bei mindestens 300 Millionen US-Dollar und im Falle von Euro-denominierten Anleihen mindestens 300 Millionen Euro betragen müssen. Entsprechende Äquivalenzwerte sind für Anleihen in anderen Währungen anzusetzen. Weitere Indexregularien fordern eine Mindestlaufzeit der Anleihen von einem Jahr, einen Fixkupon und eine Auflistung der zulässigen Anleihewährungen. Der Index wird monatlich angepasst.[28]

1.4.3 Rohstoffindizes

Das Thema Rohstoffe hat sich während der letzten Jahre fest in der Welt der Anlageprodukte etabliert. Die Einbeziehung von Rohstoffen als Anlageklasse im Rahmen einer Asset Allocation hat zunehmend an Bedeutung gewonnen, insbesondere wegen des Beitrages zur Erhöhung der Diversifikation eines Portfolios. Rohstoffindizes bilden die Preisentwicklung einer breiten Auswahl von Rohstoff-Terminkontrakten ab und sind daher innerhalb der Anlageklasse Rohstoffe diversifiziert. Dennoch gibt es deutliche Unterschiede, wenn man die bekanntesten Rohstoffindizes untereinander vergleicht.

Im Gegensatz zu Aktien- oder Anleihenindizes werden Rohstoffindizes über Futures (Terminkontrakte) der großen Warenterminbörsen wie der CBOT (Chicago Board of Trade) in Chicago oder der LME (London Metal Exchange) abgebildet. Nur so ist eine Standardisierung der Preise gewährleistet. Da ein Terminkontrakt einem festen Verfallsdatum unterliegt, muss der Indexanbieter von dem einen in den nächstfolgenden Future rollen, um eine zeitlich unbegrenzte Indexberechnung zu gewährleisten. Damit sind wir schon bei der ersten Besonderheit von Rohstoffindizes angelangt: Durch diese sogenannten Rolleffekte kann der Anleger im positiven Fall neben der Wer-

---

[28] Scott, Atha / Sherwood, Kuo / Stefanelli, Nikki, Index, Portfolio & Risk Solutions, www.barcap/indices, Stand: 12.07.2011, S. 1–3; und BlackRock, Fixed Income Guide from iShares, Mai 2010, S. 18.

tentwicklung des Rohstoffes zusätzliche Rollgewinne erzielen, und zwar immer dann, wenn der nächstfolgende Future-Kontrakt billiger ist als der vergangene (Backwardation-Situation). Ist der folgende Future dagegen teurer als der vergangene (Contango), erleidet der Anleger Rollverluste, die schnell die Gewinne aus der Wertentwicklung des Rohstoffes aufzehren können. Abbildung 1.5 stellt dieses Phänomen dar.

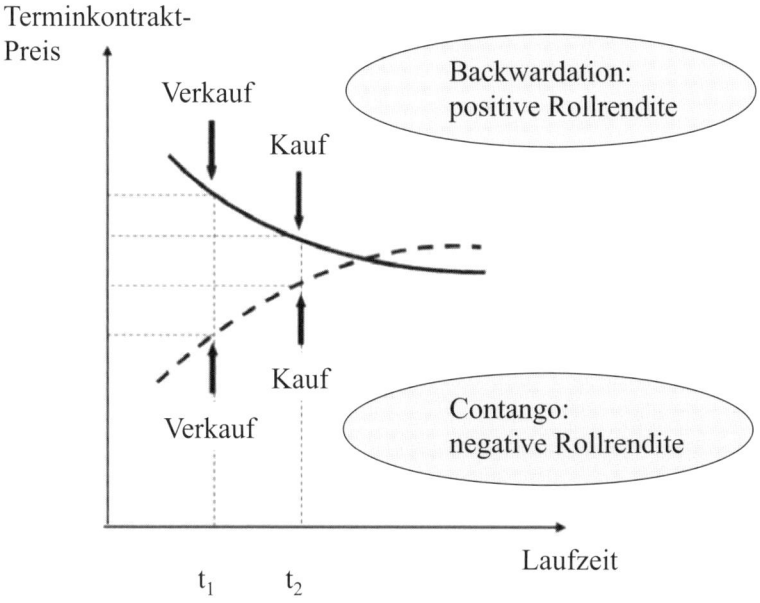

Abbildung 1.5: Darstellung der Terminkontrakt-Preiskurve für einen Rohstoff in Backwardation und Contango.

Der älteste Rohstoffindex ist der CRB Index, der 1957 erstmalig vom Commodities Research Bureau (CRB) veröffentlicht wurde. Dabei ging in die Indexberechnung der Durchschnitt aller Terminkontraktpreise mit Laufzeiten bis zu einem Jahr ein. Durch die unterschiedlichen zeitlichen Abstände der nahen Terminkontrakte änderte sich die Zusammensetzung der Futures im Index. Eine Umsetzung der Index-

regel war für Marktteilnehmer nicht möglich, »da die daraus resultierenden Preisunterschiede nicht durch eine Anpassung der Gewichte
der Kontrakte im Index ausgeglichen wurden«.[29]

Erst nach der zehnten Revision im Jahre 2005 wurde der Index investierbar, indem er jetzt nur noch einen nahen Terminkontrakt auf jeden
Rohstoff beinhaltet, der gerollt wird. Heute heißt der Index Thomson
Reuters/Jefferies CRB Index, kurz: TRJ/CRB Index. Er umfasst 19 Rohstoffe, die in vier Klassen mit definierten Gewichtungen eingeteilt werden. Charakteristisch ist die aktuell hohe Gewichtung von Agrarrohstof-
fen inklusive Lebendvieh, die bei der zehnten Revision im Jahre 2005 auf
41 Prozent festgesetzt wurde. Seitdem gibt es auch ein monatliches Rebalancing. Abweichungen von den definierten Gewichten ergeben sich
durch unterschiedliche Wertentwicklungen der Sektoren.

Ein Klassiker unter den Rohstoffindizes ist der von Goldman Sachs
seit 1991 berechnete GSCI® Index. Bei der Konzeption des Index war
es den Initiatoren wichtig, einen investierbaren Index zu entwerfen,
was durch den Bezug auf die nahen Terminkontrakte und das regelmäßige Rollen gewährleistet wird. Durch hohe Anforderungen an die Liquidität der zugrunde liegenden Futures auf 24 unterschiedliche Rohstoffe sind auch hohe Investitionssummen in Finanzprodukte, die den
GSCI® Index abbilden, möglich. Bei der Festlegung der Indexgewichtung dienen Aktienindizes als Vorbild, die die Marktkapitalisierung als
Gewichtungskriterium verwenden. Als Äquivalent wird die Weltjah-
resproduktionsmenge für die Gewichtung der Rohstoffe herangezogen. Durch die Verwendung aktueller Preise ändert sich das Gewicht
des jeweiligen Rohstoffes. Im Gegensatz zu anderen Indizes wird auf
regelmäßige Umschichtungen verzichtet, die eine Rückführung auf ein
festes Gewicht zur Folge hätten. Das Gewichtungskonzept führt beim
GSCI® Index zu sehr hohen Gewichten für Energierohstoffe (über 70
Prozent), insbesondere Öl.

---

[29] Goldman Sachs Inc., Rohstoffindizes im Vergleich, Juni 2006, S. 2.

Beim seit 1998 berechneten Rogers International Commodity Index (RICI) spielt die relative Bedeutung von 38 Rohstoffen im Welthandel eine Rolle für die Gewichtung im Index. Subjektive Einschätzungen des Begründers und Namensgebers dieses Index, Jim Rogers, sind schließlich maßgeblich. Auffällig ist im Vergleich zu den anderen Indizes die hohe Anzahl der enthaltenen Rohstoffe. Beispielsweise sind auch eher exotische Rohstoffe wie Seide oder Reis enthalten, allerdings mit niedriger Gewichtung. Die entsprechenden Terminkontrakte werden monatlich neu gewichtet und rolliert.

Ein weiterer bekannter Rohstoffindex ist der Dow Jones-UBS Commodity Index (DJ-UBSCI), bei dessen Konzeption im Jahre 1998 auf eine ausgewogene breite Diversifizierung Wert gelegt wurde. Dieses Ziel wird durch die Definition von Obergrenzen bei der Gewichtung erreicht. Jeder der 20 im Index enthaltenen Rohstoffe muss ein Mindestgewicht von 2 Prozent und darf ein Maximalgewicht von 15 Prozent haben. Das Gewicht jeden Rohstoffsektors (Energie, Edelmetalle, Industriemetalle, Agrarrohstoffe, Lebendvieh) ist auf maximal 33 Prozent begrenzt.

Alle bisher vorgestellten Rohstoffindizes haben gemeinsam, dass durch das Rollen auf den Future mit der nächstfolgenden Fälligkeit Rollverluste entstehen, bedingt durch die aktuelle Situation, bei der die Rohstoffe in Contango überwiegen. Diese Situation hat Indexanbieter motiviert, sogenannte rolloptimierte Indizes zu entwickeln, die durch die Auswahl längerer Kontrakte Rollverluste reduzieren oder sogar vermeiden. Ziel ist es, denjenigen Terminkontrakt mit Fälligkeit spätestens in einem Jahr auszuwählen, der im Fall von Contango den niedrigsten Rollverlust und im Fall von Backwardation den höchsten Rollgewinn generiert. Ein bekanntes Beispiel ist der von der Deutsche Bank AG entwickelte Deutsche Bank Liquid Commodity Index (DBLCI) – Optimum Yield Balanced. Hinsichtlich der Sektorenzusammensetzung ist er dem Dow Jones-UBS Commodity Index sehr ähnlich.

Abbildung 1.6 vergleicht die fünf vorgestellten Rohstoffindizes hinsichtlich ihrer Sektorengewichtung und der Gewichtung der einzelnen Rohstoffe.

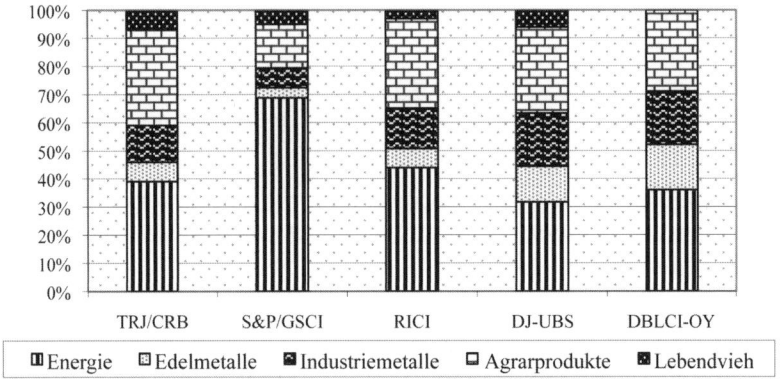

Abbildung 1.6: Sektorengewichtung für unterschiedliche Rohstoffindizes im Vergleich (Quelle: Indexanbieter-Webseiten; Stand: 31.12.2012).

1.4.4 Aktuelle Indextrends

Unter den Aktienindizes gibt es vermehrt Indexkonzepte, die von der klassischen Methode mit Marktkapitalisierung als Gewichtungskriterium abweichen. Durch intelligente Änderung der Methodologie zielt man auf einen Mehrwert hinsichtlich Performance oder Risiko ab. Aktienindizes mit alternativen Indexgewichtungskriterien werden auch als Smart-Beta-Indizes bezeichnet. Wendet man beispielsweise eine Gleichgewichtung auf dieselben Aktien an, ändert der Index seine Performanceeigenschaften in gewissen Marktphasen signifikant. Einen starken Zuwachs bei innovativen Indexkonzepten erfahren derzeit Aktienindizes, deren Ziel die Reduzierung der Volatilität und damit des Risikos ist, ohne dabei Abstriche bei der Performance in Kauf nehmen zu müssen. Diese Strategie wird bei den sogenannten Minimum-Varianz-Indizes oder Low-Volatility-Indizes verfolgt.

Ein alternatives Indexkonzept kann aber auch bedeuten, dass die Indexberechnung eine exotische Anlageklasse wie zum Beispiel Hedgefonds oder die Volatilität eines Aktienindex erfasst. Eine detaillierte
Behandlung erfahren diese Themen im folgenden Kapitel, das sich
den Anlagemöglichkeiten widmet, die ETFs bzw. ETPs in diesem
Spektrum bieten.

Kapitel 2: In welche Märkte kann ich mit ETFs indexiert investieren?

Der Ursprung der ETFs liegt in der Abbildung der Wertentwicklung von Aktienindizes. Da verwundert es nicht, dass gegenwärtig Aktien-ETFs den größten Anteil unter den ETFs ausmachen, nämlich fast 68 Prozent des verwalteten Vermögens und rund 70 Prozent der in Europa aufgelegten ETFs bzw. rund 53 Prozent aller ETPs. Interessant ist festzustellen, wie sich andere Anlagethemen als Basisinstrumente für ETFs und ETCs am Markt etabliert haben. Immobilien-ETFs sind als Teilsegment der Aktien-ETFs anzusehen, da die abgebildeten Indizes Aktien von Immobilienunternehmen (Real Estate Investment Trusts, REITs) beinhalten. Neben den klassischen Anlageklassen Anleihen und Rohstoffe gibt es inzwischen auch ein umfangreiches Angebot an Short-ETFs, die von einem fallenden Indexstand profitieren, und Leverage-ETFs, die überproportional an der Wertentwicklung des zugrunde liegenden Index partizipieren. Leveraged Short-ETFs ermöglichen dem Anleger, überproportionale Gewinne bei einem Indexrückgang zu realisieren. 2012 wurden erstmalig sogenannte aktive ETFs in Europa eingeführt. Dabei trifft ein Portfoliomanager aktive Anlageentscheidungen für das Fondsvermögen des ETFs. Gemischte ETFs vereinen unterschiedliche Anlageklassen innerhalb eines Index bzw. ETFs im Rahmen einer Asset Allocation. Sie werden auch als vermögensverwaltende ETFs bezeichnet. Eine geringe Bedeutung haben bisher Währungs-ETPs, wobei der abgebildete Index entweder den Anstieg oder den Rückgang einer Währung gegenüber der zweiten eines Währungspaares abbildet. Währungs-Strategieindizes ermöglichen im weitesten Sinne die Partizipation an relativen Veränderungen von Währungskörben gegenüber Referenzwährungen. Alternative ETFs bilden beispielsweise die Wertentwicklung eines investierbaren Hedgefonds-Index ab. Tabelle 2.1 gibt einen Überblick über die Struktur des europäischen ETP-Marktes hinsichtlich Produktanzahl und Anteil am verwalteten Vermögen der jeweiligen Anlagethemen.

Anlageklasse	AuM ETPs	Anteil	Anzahl ETPs	Anteil
Aktien	164.771	58,9 %	807	41,7 %
Anleihen	51.494	18,4 %	258	13,3 %
Rohstoffe	54.360	19,4 %	488	25,2 %
Aktive	1.774	0,6 %	12	0,6%
Alternative Anlagen	874	0,3 %	22	1,1 %
Währung	139	0,0 %	33	1,7 %
Asset Allocation	122	0,0 %	7	0,4 %
Leveraged	2.453	0,9 %	113	5,8 %
Short	2.159	0,8 %	131	6,8%
Leveraged Short	1.719	0,6 %	64	3,3 %
Gesamt	279.865	100,0 %	1.935	100,0 %

Tabelle 2.1: Übersicht über Produktanzahl und verwaltetes Vermögen bei Anlagethemen von ETPs (Quelle: ETFGI; Stand: 31.12.2012).

Die Geldströme in die unterschiedlichen Anlagethemen sind ein sehr genaues Spiegelbild des Kapitalmarktes im Hinblick auf die Allokation der liquiden Geldvermögen. Für das Jahr 2012 hat sich folgendes Bild ergeben (Abbildung 2.1):

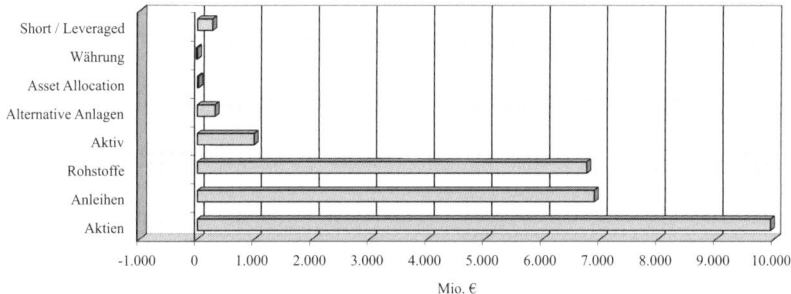

Abbildung 2.1: Geldströme in ETFs und ETCs auf unterschiedliche Anlageklassen in 2012 (Quelle: ETFGI; Stand: 31.12.2012).

Durch ein starkes viertes Quartal konnten Aktien die meisten neu in ETFs angelegten Gelder auf sich ziehen. Der Anleihe- und der Rohstoffsektor konnten ebenfalls hohe Mittelzuflüsse notieren.

Leveraged-ETFs hatten Mittelabflüsse zu verzeichnen, während Leveraged Short-ETFs einen relativ hohen Zuspruch erfahren und zu einem positiven Geldstrom zugunsten des Gesamtsegments der gehebelten ETFs geführt haben.

2.1 Aktien-ETFs

Die größte Auswahl an ETFs bietet die Anlageklasse der Aktien. Dabei werden die ETFs nach den Regionen eingeteilt, die von den zugrunde liegenden Indizes abgebildet werden. Im europäischen ETF-Markt sind über 50 Prozent des verwalteten Vermögens in paneuropäischen Indizes oder europäischen Länderindizes investiert. Abbildung 2.2 zeigt, wie sich die Anlagegelder auf die einzelnen Regionen verteilen.

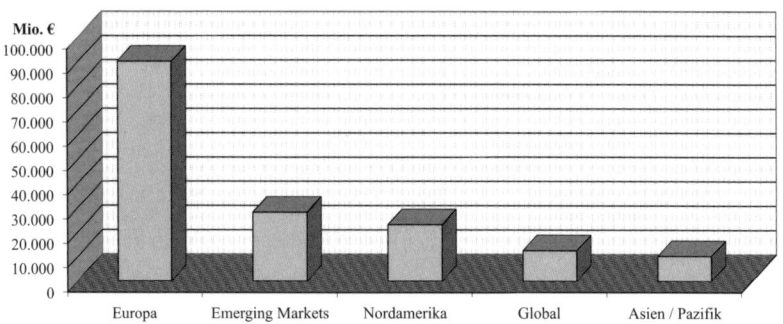

Abbildung 2.2: Verteilung der in Aktien-ETFs investierten Vermögen nach Anlageregionen 2012 (Quelle: ETFGI; Stand: 31.12.2012).

Die Aktientrends des vergangenen Jahres lassen sich an der Statistik über die Geldströme bei den Aktien-ETFs ablesen. Dabei waren nach einem schwachen Jahr 2011 Schwellenländeraktien mit knapp 4 Milliarden Euro Nettomittelzuflüssen das bedeutendste unter den Aktienthemen des Jahres 2012.

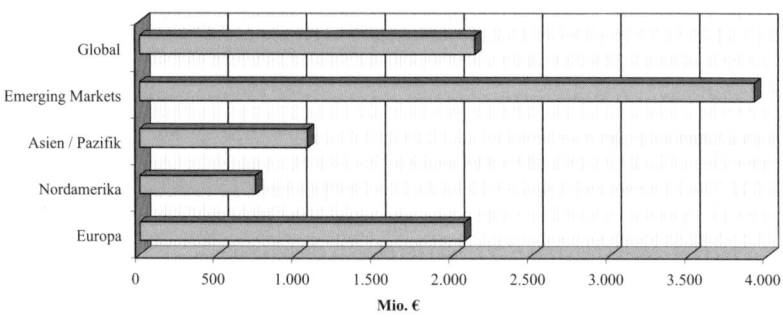

Abbildung 2.3: Geldströme in Aktien-ETFs auf unterschiedliche Regionen 2012 (Quelle: ETFGI; Stand: 31.12.2012).

Wenn ein Anleger sich für ein Aktieninvestment via ETFs entscheidet, so bieten ihm die Produktportfolios der ETF-Anbieter vielfältige Umsetzungsmöglichkeiten. Als Erstes stellt sich die Frage, in welche der fünf in den Abbildungen 2.2 und 2.3 aufgeführten Regionen das Investment erfolgen soll. Hat der Anleger sich beispielsweise für Europa als Anlageuniversum entschieden, so steht als Nächstes die Entscheidung an, ob der ETF einen gesamteuropäischen Index (MSCI Europe oder STOXX 600 Europe), einen Euroland-Index (Euro STOXX 50) oder einen Länderindex (DAX, FTSE100 etc.) abbilden soll. Alternativ könnte auch eine Investition in Aktien eines ausgewählten Sektors erfolgen. Auch dafür halten die ETF-Anbieter eine große Auswahl an Produkten vor. Tabelle 2.2 bietet einen systematischen Querschnitt durch alle Aktien-ETFs mit konkreten Produktbeispielen.

Region	Aktienindextyp	ETF-Beispiel
Europa	Länderindex Deutschland	iShares DAX® (DE)
Europa	Länderindex Großbritannien	Vanguard® FTSE 100 ETF
Europa	Länderindex Frankreich	Amundi ETF CAC 40
Europa	Länderindex Italien	CS ETF (IE) on FTSE MIB
Europa	gesamteuropäisch	ETFlab MSCI Europe
Europa	Euroland	Lyxor ETF EURO STOXX 50
Europa	Automobilsektor	STOXX® Europe 600 Optimised Automobiles & Parts Source ETF
Europa	Pharmasektor	ComStage ETF STOXX® Europe 600 Health Care NR
Nordamerika	Länderindex USA	SPDR® S&P 500® UCITS ETF (IE)
Nordamerika	Länderindex Kanada	UBS-ETF MSCI Canada
Nordamerika	Region USA und Kanada	iShares MSCI North America
Emerging Markets	Gesamtregion	db X-trackers MSCI Emerging Markets Index UCITS ETF

Region	Aktienindextyp	ETF-Beispiel
Emerging Markets	Teilregion Lateinamerika	iShares MSCI EM Latin America
Emerging Markets	Teilregion BRIC	iShares FTSE BRIC 50
Emerging Markets	Länderindex Brasilien	MSCI Brazil Source ETF
Emerging Markets	Länderindex Chile	CS ETF (IE) on MSCI Chile
Emerging Markets	Länderindex Russland	Lyxor ETF Russia (Dow Jones Russia GDR)
Emerging Markets	Länderindex Türkei	HSBC MSCI Turkey ETF
Asien/Pazifik	Gesamtregion ohne Japan	db X-trackers MSCI Pacific ex Japan Index UCITS ETF
Asien/Pazifik	Länderindex Japan	ComStage ETF Nikkei 225®
Asien/Pazifik	Länderindex Korea	CS ETF (IE) on MSCI Korea
Asien/Pazifik	Länderindex Australien	iShares MSCI Australia
Global	Gesamtregion	UBS-ETF MSCI World

Tabelle 2.2: Kategorisierung von Aktien-ETFs (Quelle: Webseiten der ETF-Anbieter; Stand: 31.12.2012).

2.2 Anleihen-ETFs

Seit Beginn der Finanzkrise im Jahre 2008 haben die ETF-Anbieter nachfragebedingt ihr Angebot an Anleihen-ETFs stark ausgeweitet. Neben dem schon vorhandenen Angebot und Staatsanleihen-ETFs kamen nun indexiert abgebildete Anlageklassen wie Unternehmensanleihen (Investment Grade und High Yield), inflationsgeschützten Staatsanleihen und Schwellenländeranleihen als Erfolgsprodukte hinzu.

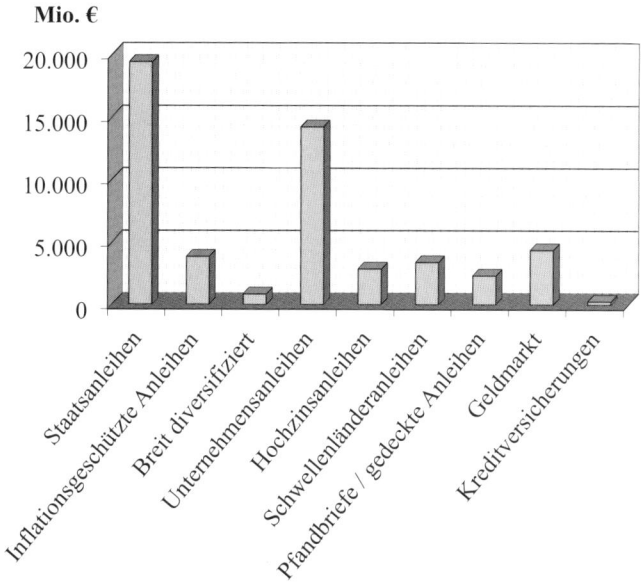

Abbildung 2.4: Verteilung der in Anleihen-ETFs investierten Vermögen nach Anleihensektoren (Quelle: ETFGI; Stand: 31.12.2012).

Die Geldströme in die unterschiedlichen Anleihensektoren stellen ein aussagekräftiges Bild der Anlegerinteressen hinsichtlich ihrer Allokation in Rentenanlagen dar. Die Favoriten unter den Anleihensektoren waren 2012 Unternehmensanleihen (Investment Grade und High Yield) und Emerging-Markets-Staatsanleihen. Geldmarktprodukte und europäische Staatsanleihen mussten Abflüsse verzeichnen. Eine Übersicht dieser Entwicklung bietet Abbildung 2.5.

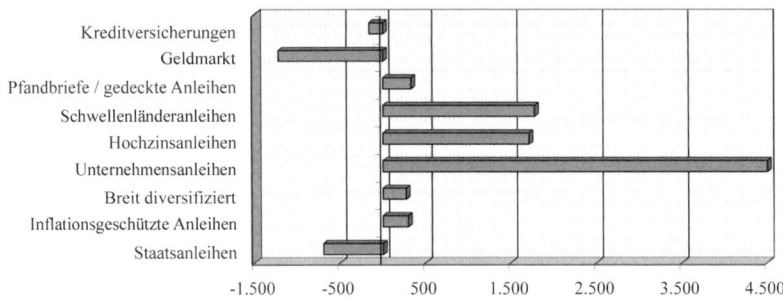

Abbildung 2.5: Geldströme in die unterschiedlichen Sektoren der Anleihen-ETFs 2012 (Quelle: ETFGI; Stand: 31.12.2012).

Tabelle 2.3 zeigt einige Beispiele für das vielfältige Produktangebot im Anleihenbereich. Geldmarktprodukte werden im nächsten Abschnitt dieses Kapitels gesondert erklärt und aufgeführt.

Währung	Anleihensektor / Index	ETF-Beispiel
Euro	deutsche Pfandbriefe	iShares eb.rexx® Jumbo Pfandbriefe (DE)
Euro	deutsche Staatsanleihen	ETFlab Dt. Boerse EUROGOV® Germany
Euro	Unternehmensanleihen	iShares Markit iBoxx Euro Corporate Bond
US-Dollar	Hochzinsanleihen	iShares Markit iBoxx $ High Yield Capped Bond
Euro	inflationsgeschützte Anleihen	Lyxor ETF EuroMTS Inflation Linked
lokal	Emerging-Markets Anleihen	SPDR® Barclays Emerging Markets Local Bond UCITS ETF
Euro	Kreditversicherung	db X-trackers iTraxx® Europe UCITS ETF
Euro	breit/aggregiert	SPDR® Barclays Euro Aggregate Bond UCITS ETF

Tabelle 2.3: Kategorisierung von Anleihen-ETFs.

2.3 Geldmarkt-ETFs

Geldmarkt-ETFs bieten dem Anleger die Möglichkeit, Geld zu parken und Liquidität jederzeit abrufen zu können. Sie sind eine Alternative zu Geldmarktkonten bei Banken, spielen im Gesamtmarkt der ETFs allerdings nur eine Nebenrolle. Die meisten Geldmarkt-ETFs orientieren sich bei der Verzinsung an EONIA (Euro OverNight Index Average), dem Zinssatz, zu dem auf dem Interbankenmarkt im Euro-Währungsgebiet unbesicherte Ausleihungen in Euro von einem Tag auf den nächsten gewährt werden. Berechnet wird er von der Europäischen Zentralbank. Der EONIA wurde von der European Banking Federation (EBF) unter Mitwirkung der Europäischen Zentralbank (EZB) im Jahr 1999 ins Leben gerufen und ist heute ein weltweit anerkannter Zinsindex für kurzfristige unbesicherte Geldmarktkredite im Euroraum. EONIA-ETFs sind ausschließlich als synthetische Versionen darstellbar. Als Alternative zu den EONIA-ETFs gibt es ETFs, die physisch in kurzfristige Staatsanleihen investieren, wobei die Restlaufzeit der im Index enthaltenen Anleihen maximal ein Jahr beträgt. Gängig sind sowohl ein Index der eb.rexx-Familie, der ausschließlich deutsche Staatsanleihen beinhaltet, als auch Indizes, die sich auf gemischte europäische Staatsanleihen beziehen. Dabei unterliegen diese Typen einem Zinsänderungsrisiko, das mit einem Investment in Anleihen automatisch verbunden ist. Entsprechende Varianten, die die Abbildung von Geldmarktsätzen in anderen Währungen anstreben, halten die ETF-Anbieter ebenfalls vor. Tabelle 2.4 fasst die wichtigsten Angebote für Geldmarkt-ETFs zusammen. Die Total Expense Ratio (TER) liegt in keinem Fall über 0,15 Prozent p.a.

Geldmarkt-ETF	Währung	Abbildung	Ertragsverwendung
db X-trackers II EONIA TR UCITS ETF – 1C	Euro	synthetisch	thesaurierend
ComStage ETF CB EONIA Index TR – I	Euro	synthetisch	thesaurierend

Geldmarkt-ETF	Währung	Abbildung	Ertragsverwendung
Amundi ETF EONIA	Euro	synthetisch	thesaurierend
iShares eb.rexx Money Market (DE)	Euro	voll replizierend	ausschüttend
PowerShares EuroMTS Cash 3 Months Fund	Euro	optimiert replizierend	ausschüttend
db X-trackers US Dollar Cash UCITS ETF – 1C	US-Dollar	synthetisch	ausschüttend
CS ETF (IE) on Fed Funds Effective Rate – B	US-Dollar	synthetisch	ausschüttend

Tabelle 2.4: Geldmarkt-ETFs.

2.4 Rohstoff-ETFs und ETCs

Der schon seit einigen Jahren anhaltende Boom der Exchange Traded Commodities (ETCs) steht stellvertretend für die Hausse des Goldpreises und ist wesentlich durch die starke Nachfrage nach Gold-ETCs geprägt. Daneben nehmen auch breit diversifizierte Rohstoff-ETFs eine wichtige Rolle im Anlagespektrum ein. Die größten Zuflüsse sind 2012 eindeutig in Gold-ETCs zu verzeichnen. Die Abflüsse aus den Produkten für den Agrarsektor sind in erster Linie auf die aktuell geführte Diskussion über die Ethik von Agrarrohstoffinvestments vor dem Hintergrund steigender Nahrungsmittelpreise und der daraus resultierenden Not in unterentwickelten Ländern zurückzuführen. Die Auswirkungen der Diskussion sind auch bei Veränderungen im Produktangebot einiger Anbieter zu beobachten, z.B. durch Änderung eines breiten Rohstoffindex in einen Ex-Agrar-Index als Basisinstrument eines ETFs im Falle der ComStage ETFs aus dem Hause Commerzbank AG.

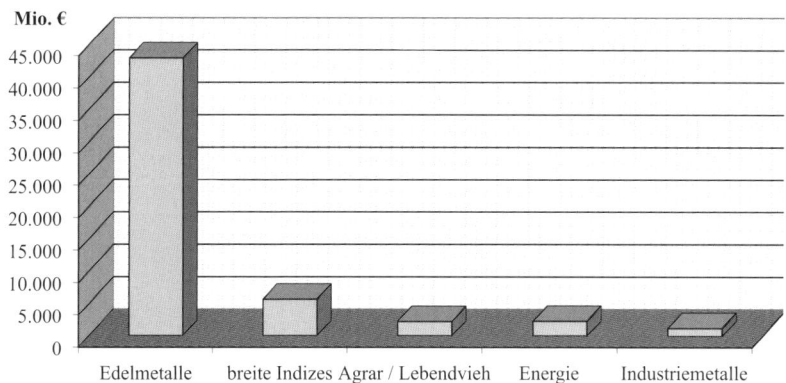

Abbildung 2.6: Verteilung der in Rohstoffsektoren investierten Vermögen (ETFs und ETCs) (Quelle: ETFGI; Stand: 31.12.2012).

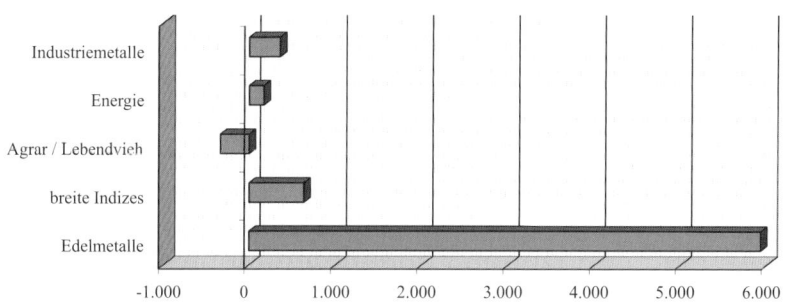

Abbildung 2.7: Geldströme in die unterschiedlichen Rohstoffsektoren (ETFs und ETCs) 2012 (Quelle: ETFGI; Stand: 31.12.2012).

Eine exemplarische Auswahl von breit diversifizierten Rohstoff-ETFs und -ETNs sowie ETCs auf einzelne Rohstoffe findet sich in Tabelle 2.5.

Produkttyp	Rohstoff / Index	Produktbeispiel
ETF	breit diversifiziert	iShares Dow Jones-UBS Commodity Swap (DE)
ETF	breit diversifiziert	db X-trackers DBLCI – OY Balanced UCITS ETF (USD)

Produkttyp	Rohstoff / Index	Produktbeispiel
ETN	Rohstoffsektor	iPath S&P GSCI Agriculture Index TR ETN
ETC	einzelner Rohstoff	UBS ETC Sugar
ETC	einzelner Rohstoff	db ETC Brent Crude Oil
ETC	einzelner Rohstoff	ETFSecurities Physical Gold
ETC	einzelner Rohstoff	ETFSecurities Physical Copper

Tabelle 2.5: Beispiele für Rohstoffprodukte.

2.5 Immobilien-ETFs

Immobilien-ETFs haben sich während der letzten Jahre fest am ETF-Markt etabliert und sind durch stetig wachsende verwaltete Vermögen aufgefallen. Immobilien-ETFs investieren nicht wie geschlossene oder offene Immobilienfonds direkt in Immobilien, sondern in Aktien von Immobilienunternehmen oder REITs (Real Estate Investment Trusts), die selbst wie Aktien an einer Wertpapierbörse gehandelt werden. Die in Immobilien-ETFs abgebildeten Indizes weisen eine Liquidität auf, wodurch die ETFs in der Lage sind, die an sie gestellten Anforderungen hinsichtlich Handelbarkeit während der Börsenöffnungszeiten zu erfüllen. Nur durch Immobilien-ETFs ist ein Investor in der Lage, Chancen an Immobilienmärkten wahrzunehmen und mögliche Kursgewinne jederzeit zu realisieren. Dies stellt einen wesentlichen Vorteil gegenüber Direktinvestments, geschlossenen oder offenen Immobilienfonds dar. Letztere haben Anleger zahlreich durch Aussetzung der Rücknahme von Anteilsscheinen enttäuscht und zu einem erheblichen Imageschaden dieser Anlagekategorie geführt. Im Unterschied zu reinen Immobilienanlagen besteht bei Immobilien-ETFs eine Abhängigkeit von den Aktienmärkten, da die Wertentwicklung von REITs und Immobilienunternehmen mit der Wertentwicklung von Aktienindizes korreliert ist. Außerdem beinhalten solche Aktien immer ein

Managementrisiko der Gesellschaft. Die größten Immobilien-ETFs bieten Zugang zu diesem Marktsegment für unterschiedliche Regionen und Länder.

Region / Land	ETF
Global	iShares FTSE EPRA/NAREIT Developed Markets Property Yield Fund
Europa	iShares FTSE EPRA/NAREIT European Property Index Fund
Eurozone	db X-trackers FTSE EPRA/NAREIT Eurozone Real Estate UCITS ETF
Großbritannien	iShares FTSE EPRA/NAREIT UK Property Fund
USA	iShares FTSE EPRA/NAREIT US Property Yield Fund
Asien	iShares FTSE EPRA/NAREIT Asian Property Yield Fund

Tabelle 2.6: Immobilien-ETFs.

2.6 Strategie-ETFs

Beim Thema Strategie-ETFs gilt es, eine sinnvolle Abgrenzung zu allen anderen ETFs zu definieren und festzustellen, worin die Motivation der Anleger liegt, in solche Produkte zu investieren. »ETFs auf Standardindizes sind gut, intelligente Indizes und Strategien sind besser«[30], überschreibt das Fachmagazin *Institutional Money* einen Artikel, der sich mit dieser Thematik auseinandersetzt. Grundsätzlich bilden Strategie-ETFs Indizes ab, deren Gewichtung nicht üblicherweise durch die Marktkapitalisierung und den Free Float der Aktien bestimmt werden, sondern durch alternative Kriterien. Diese können beispielsweise die Dividendenrendite, fundamentale Unternehmenskennzahlen, eine Gleichgewichtung oder die Volatilität sein. Eine wichtige Eigenschaft

---

[30] Institutional Money, Strategie-ETFs: Interessante Portfolio-Bausteine, www.institutional-money.com, Stand: Februar 2009.

ist, dass die Strategie rein regelbasiert und objektiv nachvollziehbar ist, um eine Indexberechnung als Basisinstrument für den ETF zu ermöglichen. Es dürfen keine aktiven Entscheidungen eine Rolle spielen, die aufgrund von Analyseergebnissen oder subjektiven Marktmeinungen gefällt werden. In diesem Fall würden wir uns im Bereich der aktiven ETFs bewegen, die nachfolgend vorgestellt werden.

Indizes, die den Anspruch haben, möglichst repräsentativ den Markt abzubilden, geben größeren Gesellschaften ein größeres Indexgewicht. Das Gewichtungsschema basierend auf Marktkapitalisierung geht davon aus, dass diese mit zusätzlicher Free-Float-Gewichtung (Anzahl der frei handelbaren ausstehenden Aktien, multipliziert mit dem Aktienkurs) das beste Maß für die Größe einer Gesellschaft darstellt, und stellt die mit Abstand am häufigsten verwendete Art von Benchmark dar. Fundamental gewichtete Indizes haben den Anspruch, repräsentativer zu sein durch Anwendung anderer Kriterien für die Messung der Größe eines Unternehmens. Dabei spielen Unternehmenskennzahlen wie ausgeschüttete Dividenden, Buchwert, Cash-Flows und Umsätze eine Rolle im Indexkonzept von FTSE RAFI. Darauf basierende ETFs werden von Invesco Powershares und Lyxor ETFs angeboten.

Effizienz-orientierte Indizes beabsichtigen die höchstmögliche Relation zwischen Ertrag und Risiko zu erzielen und die aus mangelnder Diversifikation resultierenden Ineffizienzen zu vermeiden. Die einfachste und naivste Methode stellt die Gleichgewichtung der Indexmitglieder dar.

Wissenschaftlich fundierte Indexmethoden wie beispielsweise der Minimum-Varianz-Ansatz führen zu Indizes mit einer niedrigen Volatilität. Für deren Berechnung sind lediglich historische Volatilitäts- und Korrelationsdaten notwendig. Die Vermeidung von Konzentrationsrisiken lässt sich leicht über die Einführung von Nebenbedingungen wie z.B. die über ein Konzentrationsmaß definierte Mindestanzahl von Wertpapieren im Index steuern.

Das EDHEC Risk Institute hat in einer empirischen Analyse unterschiedliche Smart-Beta-Indexkonzepte mit dem korrespondierenden marktkapitalisierungsgewichteten US- und global ausgerichteten Aktienindex hinsichtlich Performance und Risiko analysiert.

Kennzahl	MSCI US Minimum Volatility	FTSE RAFI US 1000	S&P Equal Weight	S&P 500
Jährliche Rendite (*)	3,4 %	5,4 %	6,0 %	1,4 %
Standardabweichung	11,7 %	14,4 %	15,1 %	14,1 %

Tabelle 2.7: Vergleich von Performance und Risiko für Smart-Beta-Indizes auf den US-Aktienmarkt mit dem S&P 500 Index; Zeitraum: 08.01.1999 bis 26.08.2011; * geometrisches Mittel (Quelle: EDHEC Risk Institute[31]).

Kennzahl	MSCI World Minimum Volatility	FTSE RAFI Developed 1000	MSCI World Equal Weight	MSCI World
Jährliche Rendite (*)	8,8 %	8,4 %	11,2 %	7,1 %
Standardabweichung	14,2 %	20,7 %	19,9 %	19,0 %

Tabelle 2.8: Vergleich von Performance und Risiko für Smart-Beta-Indizes auf den globalen Aktienmarkt mit dem MSCI World Index; Zeitraum: 20.12.2002 bis 26.08.2011; * geometrisches Mittel (Quelle: EDHEC Risk Institute[32]).

Die Ergebnisse zeigen, dass sich für beide untersuchten Investmentuniversen höhere Renditen bei den verschiedenen Smart-Beta-Indizes im Vergleich zum marktkapitalisierungsgewichteten Index nachweisen lassen. Erwartungsgemäß weist der jeweilige Minimum Volatility Index das geringste Risiko gemessen in Standardabweichung aus.

---

[31] Amenc, Noel / Martellini, Lionel / Goltz, Felix / Ye, Shuyang, EDHEC-Risk Institute, *The EDHEC Alternative Beta Study 2011*, September 2011, S. 19.
[32] Ebd.

2.6.1 ETFs auf Basis gleichgewichteter Aktienindizes

ETFs auf Standardaktienindizes bieten grundsätzlich eine diversifizierte Anlagemöglichkeit, können aber immer noch sehr konzentrierte Anlagen darstellen. Beispielsweise decken die 100 Aktien mit der höchsten Gewichtung im S&P 500® Index bereits rund 50 Prozent der Marktkapitalisierung ab, beim STOXX® 600 Europe Index wird dieser Wert bereits mit 47 Aktien erreicht.

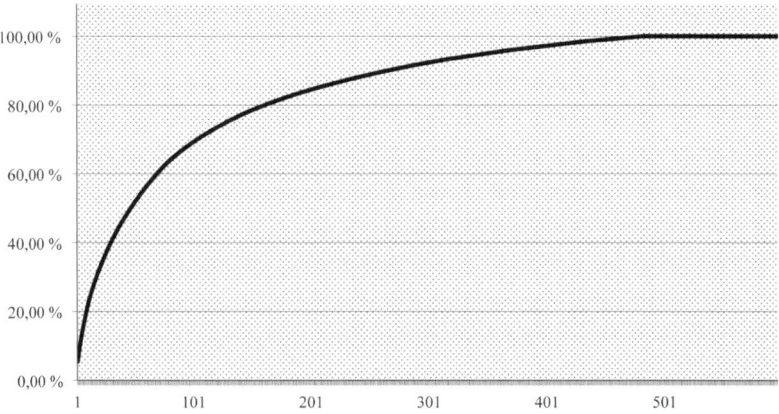

Abbildung 2.8: Verteilung der Indexgewichtung beim STOXX® 600 Europe Index (Quelle: STOXX Ltd., Stand 31.12.2012).

Durch eine Gleichgewichtung aller Aktien in einem Index erreicht man einen höheren Diversifikationsgrad. Durch die Vermeidung von Konzentration zugunsten Aktien großkapitalisierter Unternehmen werden Mid und Small Caps im Falle des STOXX® 600 Europe Index höher gewichtet. Langfristige Performance-Untersuchungen bestätigen dieses Phänomen für unterschiedliche Aktienregionen:

Region/ Land	Large-Cap-Index	Jährliche Rendite	Small-Cap-Index	Jährliche Rendite
Global	MSCI World Index	6,3 %	Dimensional Small Cap Index	7,5 %
USA	S&P 500 Index	7,8 %	Dimensional US Small Cap Index	10,2 %
Europa	MSCI Europe Index	7,4 %	Dimensional Europe Small Index	7,7 %
Japan	MSCI Japan Index	−0,4 %	Dimensional Japan Small Cap Index	1,0 %

Tabelle 2.9: Annualisierte Aktienmarktrenditen für große und kleine Unternehmen im Vergleich (1992–2011); (Quelle: Dimensional[33]).

Bei gleichgewichteten Indizes werden die Aktiengewichte regelmäßig (z. B. quartalsweise) auf ihr ursprüngliches Gewicht zurückgesetzt. Dadurch erfolgen automatisch Gewinnmitnahmen bei Aktien, deren Wertentwicklung in der letzten Periode überdurchschnittlich war. Aktien mit Aufholbedarf werden in ihrer Gewichtung an diesem Rebalanzierungstermin in ihrer Gewichtung heraufgesetzt.

Im Vergleich zum STOXX® 600 Europe Index NR zeigt der STOXX® Europe 600 Equal Weight Index NR (NR steht für »net return«, d. h., die um Quellensteuerabschläge bereinigten Dividenden werden im Index reinvestiert) gerade in positiven Marktphasen eine deutlich bessere Wertentwicklung, die insbesondere durch den Performancebeitrag der Aktien kleinerer und mittlerer Unternehmen geprägt wird. Allerdings wirkt sich das höhere Risiko dieses Index in Schwächephasen in Form überproportionaler Verluste aus. Abbildung 2.9 vergleicht die historische Wertentwicklung der beiden Indizes.

---

[33] Dimensional Fund Advisors Ltd., *Matrix Book*, 2012, S. 8.

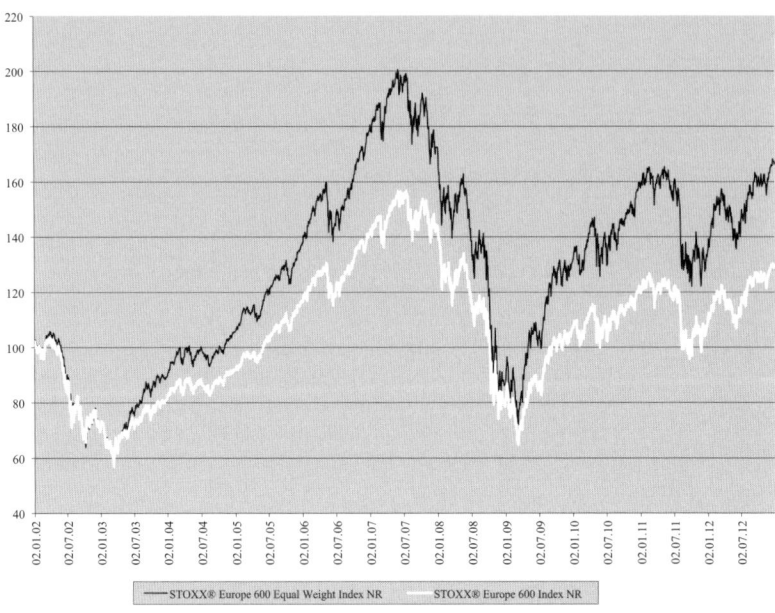

Abbildung 2.9: Wertentwicklung der Indizes STOXX® 600 Europe Index NR zeigt der STOXX® Europe 600 Equal Weight Index NR; Zeitraum: 02.01.2002 bis 31.12.2012 (Quelle: Ossiam).

Umsetzbar ist eine gleichgewichtete Indexstrategie mit folgenden ETFs (Tabelle 2.10):

Region/Land	ETF
Europa	Ossiam ETF STOXX® Europe 600 Equal Weight NR
Eurozone	Ossiam ETF Euro STOXX® 50 Equal Weight NR
USA	db X-trackers S&P 500® Equal Weight UCITS ETF

Tabelle 2.10: Gleichgewichtete Strategie-ETFs.

2.6.2 Aktien-ETFs auf Basis von Minimum-Varianz-Indizes

Unter den Smart Beta ETFs (Smart Beta steht für intelligente Marktabbildung) haben 2012 insbesondere ETFs, die eine Minimum-Varianz-Strategie abbilden, für Aufmerksamkeit und eine zunehmende Nachfrage seitens der Anleger gesorgt. Die Anbieter von Strategie-ETFs verfolgen systematisch eine Qualitätssteigerung gegenüber den traditionellen Indexprodukten, die in einer nachhaltig besseren Performance und/oder niedrigerem Risiko resultieren soll. Grundlage für den Minimum-Varianz-Ansatz ist die bemerkenswerte Anomalie in der Finanzwelt, dass sich risikoärmere Aktien durch eine nachhaltig bessere Wertentwicklung auszeichnen. Es fällt auf, dass dieser Effekt für lange historische Zeiträume nachweisbar ist und dass er an Aktienmärkten unterschiedlicher Regionen zu beobachten ist. Es wird der These widersprochen, eine erhöhte Risikobereitschaft könne eine Risikoprämie beim Ertrag erwirtschaften. Für andere Anlagestrategien wie Momentum-Strategien, Value-Aktien oder Small-Cap-Aktien lassen sich ebenfalls über dem Marktdurchschnitt liegende historische Aktienrenditen nachweisen, allerdings durch Akzeptanz eines höheren Risikos gemessen in Volatilität.

Performance-Unterschiede zugunsten einer Aktienauswahl mit niedriger Volatilität sind am deutlichsten während Krisenszenarien in Baissemarktphasen zu beobachten.

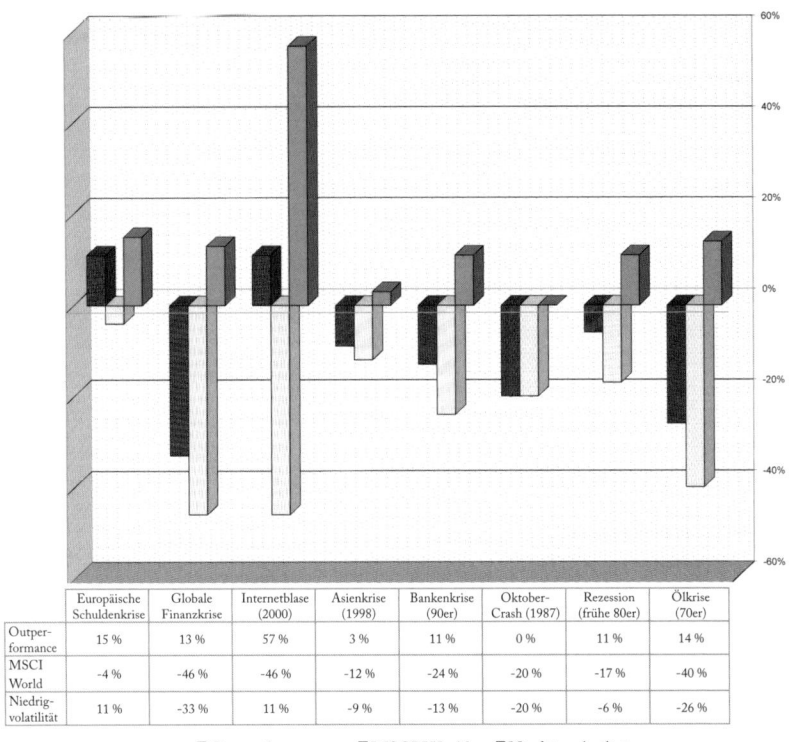

	Europäische Schuldenkrise	Globale Finanzkrise	Internetblase (2000)	Asienkrise (1998)	Bankenkrise (90er)	Oktober-Crash (1987)	Rezession (frühe 80er)	Ölkrise (70er)
Outper-formance	15 %	13 %	57 %	3 %	11 %	0 %	11 %	14 %
MSCI World	-4 %	-46 %	-46 %	-12 %	-24 %	-20 %	-17 %	-40 %
Niedrig-volatilität	11 %	-33 %	11 %	-9 %	-13 %	-20 %	-6 %	-26 %

■ Outperformance ☐ MSCI World ■ Niedrigvolatilität

Abbildung 2.10: Renditevergleich zwischen dem MSCI World Index (in US Dollar) und dem Fünftel der Indexaktien mit der niedrigsten Volatilität (Zwei-Jahres-Daten), Krisenperioden: März 1973–September 1974; April 1981–Juli 1982; September 1987–November 1987; Januar 1990–September 1990; Juli 1998–September 1998; April 2000–September 2002; Juli 2008–Februar 2009; Mai 2010–September 2011 (Quelle: MSCI and AllianceBernstein[34]).

Schon im Jahr 1972 haben Robert Haugen und James Heins sich dem Thema der Niedrigvolatilität-Anomalie gewidmet und in wissenschaftlichen Studien nachgewiesen, dass der Aktienmarkt gegenüber dem Anleihenmarkt in den USA historisch eine höhere Rendite erwirtschaftet hat, aber innerhalb der jeweiligen Anlageklasse ein höheres Risiko ei-

[34] AllianceBernstein L. P., *The paradox of low-risk stocks*, Februar 2012, S. 3.

ne niedrigere Rendite bedingt hat. Die Ergebnisse wurden in zahlreichen akademischen Studien neueren Datums für zahlreiche Märkte als Datengrundlage bestätigt. Jagannathan und Ma zeigten 2003, dass ein US-Minimum-Varianz-Portfolio höhere Renditen und weniger Risiko als ein marktkapitalisierungsgewichteter Index aufweist. Ang, Hodrick, Xing and Zhang stellten im Jahr 2006 fest, dass US-Aktien mit hoher Volatilität besonders niedrige Renditen erzielen.[35]

In der 2012 von Baker und Haugen veröffentlichten Studie wurden Daten für 21 entwickelte Aktienmärkte und zwölf Emerging-Markets-Länder für den Zeitraum 1990 bis 2011 ausgewertet. Sowohl für das Gesamtuniversum als auch auf Einzelländerebene bestätigt sich die These.[36]

Es stellt sich berechtigterweise die Frage, warum dieser Effekt über so lange Zeiträume beobachtbar ist. In erster Linie werden Verhaltensmuster angeführt. Investoren neigen dazu, für risikoreiche Investments einen Aufschlag zu zahlen, um eine hohe, aber weniger wahrscheinliche Gewinnchance durch risikobehaftete Aktien wahrzunehmen. Selbstüberschätzung und zu spätes Aufspringen auf Trends führen dazu, dass Investoren zum falschen Zeitpunkt auf Aktien setzen, die gerade »in« sind. Im aktiven Management werden Aktien mit niedriger Volatilität eher gemieden, insbesondere wenn die Leistung des Portfoliomanagers gegen eine Standard-Benchmark gemessen wird.[37]

Die Minimum-Varianz-Strategie beabsichtigt, eine Benchmark für Aktieninvestments mit deutlich niedrigerer Volatilität zu schaffen, wobei auf die Liquidität und Diversifikation des Portfolios geachtet wird. Als Beispiel soll der von Ossiam entwickelte Ansatz dienen, einem französischen ETF-Anbieter, der sich auf Smart-Beta-Lösungen spezialisiert hat. Bei der Entwicklung des Indexkonzepts hat Ossiam eng mit den

---

[35] Baker, Nardin L. / Haugen, Robert A., *Low Risk Stocks Outperform within All Observable Markets of the World*, April 2012, S. 1 f.
[36] Baker, Nardin L. / Haugen, Robert A., *Low Risk Stocks Outperform within All Observable Markets of the World*, April 2012, S. 4 ff.
[37] Alliance Bernstein L. P., *The paradox of low-risk stocks*, Februar 2012, S. 2.

führenden Indexanbietern zusammengearbeitet, um die Strategie in den jeweiligen Indizes umzusetzen. Der Optimierungsprozess ist vollkommen erwartungsfrei hinsichtlich zukünftiger Erträge und basiert ausschließlich auf historischen Volatilitäts- und Korrelationsdaten. Um einen investierbaren und ausreichend diversifizierten Index mit geringer Konzentration zu erhalten, sind verschiedene Nebenbedingungen notwendig: Es sind keine Short-Positionen für Aktien und keine Bargeldpositionen im ETF-Sondervermögen vorgesehen. Die Mindestanzahl der Aktien, das maximale Gewicht einer Aktie sowie das maximale Gewicht eines Sektors oder Landes werden konsistent für alle Minimum-Varianz-Indizes vorgegeben, wobei einige Parameter in Abhängigkeit vom Investmentuniversum unterschiedlich definiert werden. Die Ergebnisse sind für europäische, US- oder Emerging-Markets-Aktien sehr ähnlich: Die Reduzierung der Volatilität aller Indizes beträgt durchschnittlich 30 Prozent gegenüber dem jeweiligen Ausgangsindex, die Drawdowns fallen ebenfalls deutlich niedriger aus. Dabei ergeben sich keine Performancenachteile – im Gegenteil: Für alle Anlageuniversen lässt sich eine Outperformance der Minimum-Varianz-Indizes gegenüber den jeweiligen Ausgangsuniversen beobachten.

Beispiel:
Ossiam ETF iSTOXX Europe Minimum Variance NR Index

Das Anlageziel des Fonds ist das genaue Tracking der Performance der Minimum-Varianz-Strategie, die durch den iSTOXX™ Europe Minimum Variance NR Index abgebildet wird. Ziel dieses Index ist, in einer dynamischen Strategie aus den 300 liquidesten Aktien des STOXX® 600 Europe Index Aktien so auszuwählen und zu gewichten, dass die Volatilität und/oder Korrelation minimiert wird. Ausgewählt werden im monatlichen Rhythmus mindestens 50 Aktien mit einem Maximalgewicht von 4,5 Prozent. Jeder Sektor darf dabei nur mit maximal 20 Prozent gewichtet werden. Per 31.12.2012 ergeben sich folgende Risiko- und Performancedaten für die beiden Indizes:

Kennzahl	iSTOXX™ Europe Minimum Variance Index NR	STOXX ® Europe 600 Index NR
Annualisierte Volatilität (1 Jahr)	+ 12,55 %	+ 20,90%
Höchster Drawdown	– 39,71 %	– 58,69 %
Annualisierte Wertentwicklung (1 Jahr)	+ 7,02 %	+ 2,33 %
Alpha (annualisiert)	4,80 %	n/a
Sharpe Ratio	+ 0,39	+ 0,01
Korrelation zur Benchmark	89,43 %	n/a
Beta	0,54	n/a

Tabelle 2.11: Indexkennzahlen für iSTOXX™ Europe Minimum Variance Index NR und STOXX® Europe 600 Index NR; Zeitraum: 2.1.2002 bis 31.12.2012 (Quelle: Ossiam).

Auf Basis der Indexdaten ergeben sich folgende langfristige Kursverläufe für die beiden Indizes.

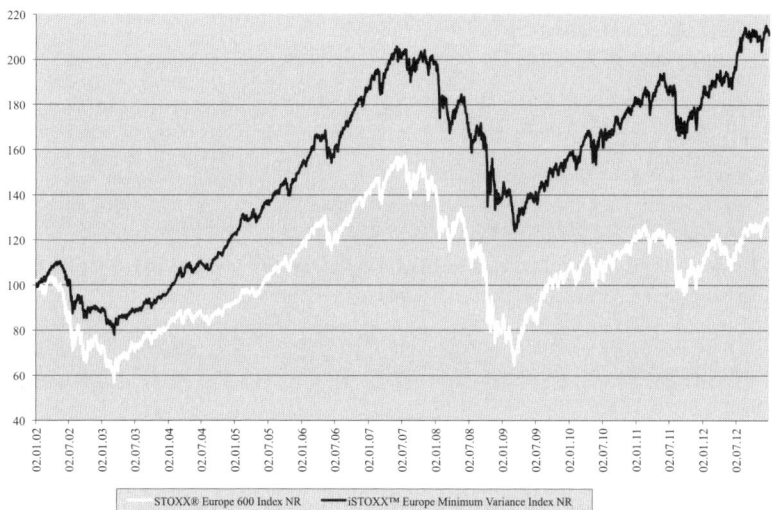

Abbildung 2.11: Vergleich der Wertentwicklung des iSTOXX Europe Minimum Variance NR Index und des STOXX® Europe 600 Index NR; Zeitraum: 02.01.2002 bis 31.12.2012 (Quelle: Ossiam).

Bei genauerer Betrachtung von Abbildung 2.11 lässt sich feststellen, dass der ETF auf Basis des europäischen Minimum-Varianz-Index gerade in schwachen Marktphasen oder bei volatiler Seitwärtsentwicklung des Ausgangsindex eine Outperformance aufbaut, während er bei konstant ansteigenden Notierungen des STOXX® Europe 600 Index NR nicht Schritt halten kann.

Ein anderes auf niedrige Indexvolatilität abzielendes Konzept hat State Street mit dem SPDR® S&P Low Volatility ETF im Angebot. Der zugrunde liegende Index wählt die 100 Aktien mit den absolut niedrigsten Volatilitätswerten (auf Basis historischer Daten über die zurückliegenden 250 Handelstage) aus dem S&P® 500 Index aus und gewichtet diese umgekehrt proportional. Dabei darf jede Aktie mit einem Maximalgewicht in Höhe von nur 4 Prozent vertreten sein. Eine Neuausrichtung des Index findet quartalsweise statt.

Kennzahl	S&P Low Volatility Index TR	S&P 500 Index TR
Annualisierte Rendite (1 Jahr)	16,01 %	15,21 %
Annualisierte Rendite (10 Jahre)	9,15 %	6,91%
Annualisierte Volatilität (3 Jahre)	9,26 %	15,58 %
Annualisierte Volatilität (10 Jahre)	10,19 %	15,01 %

Tabelle 2.12: Indexkennzahlen für S&P Low Volatility Index und S&P 500 Index; Stichtag: 31.10.2012 (Quelle: Standard & Poor's).

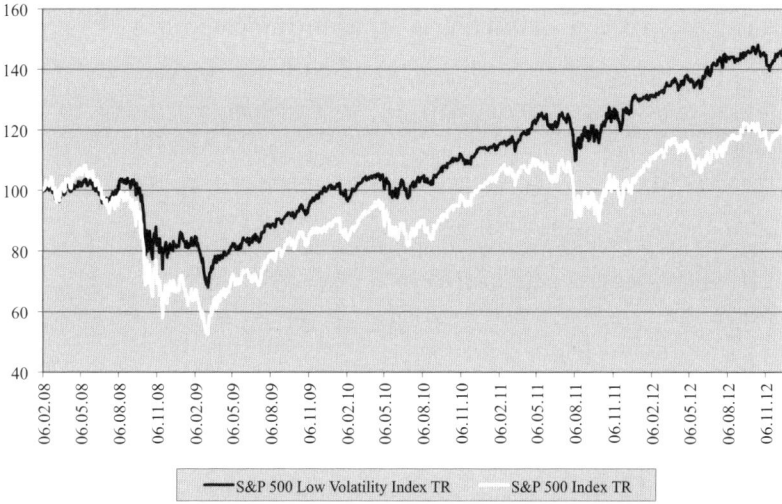

Abbildung 2.12: Vergleich der Wertenwicklung des S&P 500 Low Volatility Index TR und des S&P 500 Index TR; Zeitraum: 06.02.2008 bis 31.12.2012 (Quelle: Standard & Poor's).

2.7 Alternative Investments-ETFs

Alternative Investments beinhalten Anlagen, die sich jenseits der traditionellen Anlageklassen Aktien, Anleihen, Rohstoffe und Währungen bewegen. In erster Linie handelt es sich um Anlagen in Hedgefonds, Private Equity, Infrastruktur, Wald- und Forstwirtschaft, Wasserwirtschaft sowie erneuerbare Energien, für die es auch ETF-Lösungen gibt. Exotischer und nicht über liquide Finanzprodukte investierbar sind z. B. Wein, Oldtimer und Kunst.

Einfach und liquide zugänglich sind indirekte Anlagen in Aktien von Unternehmen, deren Geschäftsmodell auf die alternativen Anlageklassen ausgerichtet ist. Die Vorgehensweise entspricht derjenigen für Immobilien-ETFs, die Aktienindizes von Immobilienunternehmen und REITs abbilden. Für folgende alternative Anlagen gibt es entsprechende Indizes, die als Basisinstrumente für ETFs geeignet sind:

Alternative Anlageklasse	ETF
Private Equity	iShares S&P Listed Private Equity
Wald- und Forstwirtschaft	iShares S&P Global Timber and Forestry
Erneuerbare Energien	iShares S&P Global Clean Energy
Wasserwirtschaft	iShares S&P Global Water
Infrastruktur	iShares FTSE/Macquarie Global Infrastructure 100
Infrastruktur	iShares S&P Emerging Markets Infrastructure

Tabelle 2.13: Aktien-ETFs auf alternative Anlageklassen.

ETFs mit Nachhaltigkeits-Aktienindizes als Basisinstrument werden in den Produktübersichten der ETF-Anbieter ebenfalls unter alternativen Anlageklassen aufgeführt. Unter nachhaltigen Investments versteht man Engagements in Aktien von Unternehmen aus ethisch korrekten Branchen. Im Umkehrschluss bedeutet dies den Ausschluss bestimmter Branchen aus dem Anlageuniversum: Alkohol-, Tabak- und Waffenherstellung sowie Glücksspiel und Pornographie. Der iShares Dow Jones Europe Sustainability Screened ETF investiert beispielsweise in einen Index, der diese Kriterien in seinem Regelwerk beachtet. Unter den Indexanbietern in diesem speziellen Segment setzen alle Anbieter unterschiedliche Akzente im Indexkonzept. Nach der Schelte für die Banken durch Politik und Gesellschaft – aufgrund der im Zusammenhang mit der Finanzkrise sich zeigenden Auswüchse dieses Sektors – wäre es ja spannend, inwieweit Bankaktien in Zukunft weiterhin als nachhaltige Unternehmen eingestuft werden. Selbstverständlich werden solche ETFs in der Regel physisch abgebildet, da nur so gewährleistet werden kann, dass ausschließlich »erlaubte« Aktien im Sondervermögen auftauchen. Im Falle einer synthetischen Replikation wäre denkbar, dass das Portfolio, gegen dessen

Performance die Performance des Index getauscht wird, Aktien enthält, die nicht den im Investmentziel des Fonds verankerten Nachhaltigkeitsgedanken vertreten.

Hedgefonds-Indizes bilden die Wertentwicklung einer diversifizierten Auswahl unterschiedlicher Hedgefonds-Strategien ab, wobei real existierende Hedgefonds für die Indexberechnung infrage kommen. Die traditionelle Herausforderung bei Hedgefonds-Investments ist die Liquidität, und dies steht im Widerspruch zum ETF-Gedanken der ständig verfügbaren Liquidität. Trotzdem gibt es ETFs, bei denen sich Market Maker verpflichtet haben, täglich fortlaufend für Liquidität zu sorgen. Im Vorfeld der Betrachtung eines Hedgefonds-Index bzw. eines darauf basierenden ETFs gilt es einige Begriffe zu klären.

Aktien- oder Anleihen-ETFs werden auch zu den sogenannten »Long-only«-Produkten gezählt, da sie immer vollständig in ihrem Anlageuniversum investiert sind, d. h., es sind keine Short-Positionen in Wertpapieren möglich, Bargeldbestände sind üblicherweise nicht vorhanden oder auf die Zwischenanlage von angefallenen Dividendenzahlungen bis zum nächsten Ausschüttungstermin des ETFs beschränkt. Hedgefonds sind nicht an solche Einschränkungen gebunden, und jeder für sich betrachtet ist ein aktiv gemanagter Fonds, bei dem auch Short-Positionen in Wertpapieren oder hohe Derivatepositionen bewusst eingesetzt werden können. Sie werden nach ihrem Anlagestil in Hedgefonds-Sektoren klassifiziert (Tabelle 2.14).

Hedgefonds-Sektor	Beschreibung des Anlagestils
Equity Hedge	Long- und Short-Positionen überwiegend in Aktien und Aktienderivaten.
	Unterschiedliche Investmentprozesse denkbar: quantitativ oder fundamental, breit diversifiziert oder konzentriert.
	Bei der Unterkategorie marktneutraler Strategien wird versucht, durch gleichzeitige Long- und Short-Positionen in unterschiedlichen Wertpapieren oder Derivaten Bewertungsanomalien auszunützen; das Netto-Long- oder -Short-Exposure liegt bei maximal 10 % des Fondsvermögens.
Event Driven	Umsetzung der Strategie über Aktien- und Anleihen bzw. Derivate auf diese als Basiswerte.
	Investmententscheidungen basieren auf außergewöhnlichen Kapitalmaßnahmen wie Übernahmen, Aktienrückkäufen, Schuldenrestrukturierung oder finanziellen Engpässen eines Unternehmens.
Macro	Umsetzung der Strategie mit allen denkbaren Wertpapieren, Derivaten und liquiden Finanzprodukten (auch ETFs oder ETCs) möglich.
	Investmententscheidungen basieren auf volkswirtschaftlichen Variablen und deren Auswirkungen auf die Aktien-, Anleihen-, Rohstoff- und Währungsmärkte.
Relative Value	Umsetzung der Strategie über Aktien und Anleihen bzw. Derivate auf diese als Basiswerte.
	Der Investmentprozess ist auf die Identifizierung von Bewertungsanomalien unterschiedlicher Wertpapiere ausgerichtet, z.B. den Bewertungsunterschied zwischen Anleihen und Wandelanleihen desselben Unternehmens.

Hedgefonds-Sektor	Beschreibung des Anlagestils
Relative Value	Umsetzung der Strategie über Aktien und Anleihen bzw. Derivate auf diese als Basiswerte. Der Investmentprozess ist auf die Identifizierung von Bewertungsanomalien unterschiedlicher Wertpapiere ausgerichtet, z.B. den Bewertungsunterschied zwischen Anleihen und Wandelanleihen desselben Unternehmens.

Tabelle 2.14: Hedgefonds-Sektoren im Überblick.[38]

Einer der bekanntesten Hedgefonds-Indizes ist der HFRX Global Hedge Fund Index. Dieser strebt an, die Zusammensetzung des gesamten Hedgefonds-Universums widerzuspiegeln. Er umfasst alle geeigneten Hedgefonds-Strategien, wie sie in Tabelle 2.14 aufgeführt sind. Diese Strategien sind vermögensgewichtet. Grundlage hierfür bildet die Verteilung der Vermögenswerte im Hedgefonds-Sektor. Die Zusammenstellung des HFRX Global Hedge Fund Index erfolgt durch eine solide Auswahl der Indexkomponenten. Weitere Hedgefonds-Indizes sind der db Hedge Fund Index, der wie sein von Hedge Fund Research (HFR) errechnetes Pendant breit diversifiziert hinsichtlich der Hedgefonds-Sektorallokation ist. Der db Equity Strategies Hedge Fund Index erfasst ausschließlich Strategien, die mit Aktien oder darauf basierenden Derivaten und anderen Finanzprodukten umsetzbar sind. Entsprechende ETFs werden von UBS-ETF und db X-trackers den Anlegern angeboten. Die Abbildung ist in allen Fällen synthetisch. Die jährlichen Verwaltungsgebühren liegen zwischen 0,6 Prozent und 0,9 Prozent des ETF-Vermögens. Im Gegensatz zu Standard-ETFs gilt es jedoch weitere Gebühren auf Indexbasis oder solche, die versteckt im Rahmen der Produktstrukturierung anfallen, bei der Kaufentscheidung zu berücksichtigen.

---

[38] HFR Strategy and Regional Classifications, www.hedgefundresearch.com, Stand: 03.12.2011.

ETF
UBS-ETF HFRX Global Hedge Fund
db X-trackers db Hedge Fund Index UCITS ETF
db X-trackers db Equity Strategies Hedge Fund Index UCITS ETF

Tabelle 2.15: Hedgefonds-ETFs.

2.8 Short- und Leveraged-ETFs

Seit ihrer Premiere im Jahr 2005 haben Short- und Leveraged-ETFs sowohl in den USA als auch in Europa für Interesse seitens der Anleger gesorgt. Mit Short-ETFs lassen sich erstmalig durch Einsatz eines OGAW-Sondervermögens Aktienpositionen absichern. Vorher war dies ausschließlich durch den Einsatz von Futures, börsengehandelten Optionen oder von Banken ausgegebenen Put-Optionsscheinen und Short-Zertifikaten mit entsprechendem Emittentenrisiko möglich. Risikofreudigere Anleger können durch Leveraged-ETFs überproportional an steigenden oder im Fall von Leveraged-Short-ETFs an fallenden Kursen partizipieren. Trotz der zunehmenden Popularität dieser besonderen Spezies von ETFs gibt es zahlreiche kritische Stimmen zu diesen Produkten, da ihre Wertentwicklung oft nicht der Erwartungshaltung zahlreicher Anleger entspricht. Dadurch, dass in einem Open-End-Produkt (d. h. ohne Laufzeitbegrenzung) jederzeit ein- und ausgestiegen werden kann, ist der zugrunde liegende Short- oder Leveraged-Index so konstruiert, dass sich dessen Rendite auf einen kurzen Zeitraum bezieht, in der Regel erfolgt die Berechnung auf täglicher Basis. Anleger, die beispielsweise nach einer längeren Phase mit volatilen Auf- und Abwärtsbewegungen des DAX® und einem um 10 Prozent niedrigeren Indexstand am Ende dieser Periode erwarten, dass der Short-ETF 10 Prozent Gewinn als Rendite ausweist, werden enttäuscht sein. Dies liegt nicht an einem Qualitätsmangel des gehandelten ETFs, sondern an einer mathematisch leicht zu erklärenden Mechanik, der sogenannten Pfadabhängigkeit der Rendite des abgebildeten Short-Index als Konsequenz aus dessen Reset auf täglicher Basis. Entsprechendes gilt für Leveraged-ETFs und Leveraged-Short-ETFs. Das nachfolgende Rechenbeispiel soll anhand einer fiktiven Kursentwicklung des DAX® die Berechnung der Renditeentwicklung von Short- und Leveraged-ETFs erläutern (Tabellen 2.16 bis 2.18). Es fällt auf, dass die Indexmechanik schon ab dem zweiten Tag zu einem höheren Renditeverlust beim Short-ETF führt als die Wertänderung des Index, auf den der ETF die Short-Strategie abbildet. Während der simulierte Stand des DAX® im Beispiel am sechsten Handelstag sich wieder auf dem Ausgangsniveau befindet, würde der entsprechende Short-ETF einen Verlust in Höhe von 1,02 Prozent für diesen Zeitraum ausweisen, der sogar noch um die anteilige Verwaltungsgebühr des ETFs zu erhöhen wäre.

Tag	DAX®-Stand	Änderung gg. Vortag	Änderung gg. Tag 0	Short-ETF	Rendite gg. Tag 0
0	7.500,00			100,00 Euro	
1	7.200,00	−4,00 %	−4,00 %	104,00 Euro	+4,00 %
2	7.600,00	+5,56 %	+1,33 %	98,22 Euro	−1,78 %
3	7.800,00	+2,63 %	+4,00 %	95,64 Euro	−4,36 %
5	7.300,00	−6,41 %	−2,67 %	101,77 Euro	+1,77 %
6	7.500,00	+2,74 %	0,00 %	98,98 Euro	−1,02 %

Tabelle 2.16: Fiktive Renditeentwicklung eines DAX®-Short-ETFs.

Auch bei einem Leveraged-ETF wird deutlich, dass mit zunehmendem Zeitfortschritt und einhergehenden Auf- und Abwärtsbewegungen dessen Rendite nicht der doppelten Wertentwicklung des Basisindex entspricht.

Tag	DAX®-Stand	Änderung gg. Vortag	Änderung gg. Tag 0	2 × Leveraged ETF	Rendite gg. Tag 0
0	7.500,00			100,00 Euro	
1	7.200,00	−4,00 %	−4,00 %	92,00 Euro	−8,00 %
2	7.600,00	+5,56 %	+1,33 %	102,22 Euro	+2,22 %
3	7.800,00	+2,63 %	+4,00 %	107,60 Euro	+7,60 %
5	7.300,00	−6,41 %	−2,67 %	93,81 Euro	−6,19 %
6	7.500,00	+2,74 %	0,00 %	98,95 Euro	−1,05 %

Tabelle 2.17: Fiktive Renditeentwicklung eines DAX®-2 ×-Leveraged-ETFs.

Entsprechende Erkenntnisse gelten ebenso für Leveraged-Short-ETFs:

Tag	DAX®-Stand	Änderung gg. Vortag	Änderung gg. Tag 0	2 × Leveraged Short-ETF	Rendite gg. Tag 0
0	7.500,00			100,00 Euro	
1	7.200,00	−4,00 %	−4,00 %	108,00Euro	+8,00 %
2	7.600,00	+5,56 %	+1,33 %	96,00 Euro	−4,00 %
3	7.800,00	+2,63 %	+4,00 %	90,95 Euro	−9,05 %
5	7.300,00	−6,41 %	−2,67 %	102,61 Euro	+2,61 %
6	7.500,00	+2,74 %	0,00 %	96,98 Euro	−3,02 %

Tabelle 2.18: Fiktive Renditeentwicklung eines DAX®-2 ×-Leveraged-Short-ETFs.

Ausgehend von einem richtigen Verständnis der Funktionsweise dieser Art von ETFs ist deren kurzfristiger Einsatz im Falle von Short- oder Leveraged-Short-ETFs sehr wohl für die Absicherung von Kursverlusten geeignet, genauso wie die Investition in Leveraged-ETFs für die Realisierung spekulativer Gewinne im Falle einer Kurssteigerung des zugrunde liegenden Basisindex. Erst die Entwicklung von Swap-basierten ETFs hat die Abbildung von Short- und Leveraged-Indizes ermöglicht, da eine physische Abbildung nach den OGAW-Richtlinien nicht darstellbar ist. Tabelle 2.19 zeigt einige der von Anlegern inzwischen fest ins Repertoire aufgenommenen ETFs dieser Kategorie.

Anlageklasse	Anbieter	ETF
Aktien	db X-trackers	LevDAX® Daily UCITS ETF
Aktien	db X-trackers	Short DAX® Daily UCITS ETF
Aktien	db X-trackers	Short DAX® × 2 Daily UCITS ETF
Aktien	Lyxor	Lyxor ETF Euro STOXX Daily Leverage
Aktien	Lyxor	Lyxor ETF STOXX Europe 600 Daily Short
Aktien	db X-trackers	S&P 500 2 × Inverse Daily UCITS ETF
Aktien	db X-trackers	S&P 500 2 × Leveraged Daily UCITS ETF
Anleihen	db X-trackers	Eurozone Sovereigns Double Long Daily UCITS ETF
Anleihen	db X-trackers	Eurozone Sovereigns Double Short Daily UCITS ETF
Kredit	db X-trackers	Markit CDX North America Investment Grade 2 × Daily UCITS ETF

Tabelle 2.19: Angebotsauswahl für Short- und Leveraged-ETFs.

Eine Studie der WHU – Otto Beisheim School of Management hat das Investitionsverhalten von Privatanlegern bei Short- und Leveraged-ETFs analysiert. Datengrundlage waren 102.386 Transaktionsdaten, die bei Direktbanken im Zeitraum Januar 2008 bis Dezember 2011 erhoben wurden. Dabei wurde beobachtet, dass die Haltedauer im Vergleich zu Standard-ETFs deutlich kürzer war. Interessant ist, dass bei einer genaueren Betrachtung höhere Investitionsbeträge insbesondere für kurze Haltedauern festzustellen sind.

ETF-Typ	Durchschnittliche Haltedauer	Durchschnittliches Investitionsvolumen	Risiko (Standardabweichung)
Standard	138,7 Tage	27.364 Euro	13,42 %
Short	78,8 Tage	25.757 Euro	13,19 %
2× Leveraged	62,3 Tage	15.090 Euro	16,68 %
2 × Leveraged short	33,6 Tage	21.717 Euro	14,41 %

Tabelle 2.20: Überblick über Haltedauer und Investitionsvolumen bei Short- und Leveraged-ETFs.

»50 Prozent aller Engagements waren bereits nach 25 Tagen beendet. Lediglich 10 Prozent der Engagements wurden länger als neun Monate eingegangen. Diese Ergebnisse legen nahe, dass Privatanleger sich der Funktionsweise von Short- und Leveraged-ETFs überwiegend bewusst sind und diese insbesondere für kurzfristige Engagements nutzen.«[39] Die Verfasser erkennen in ihren Auswertungen, dass höhere Investitionsvolumina vor allem bei kurzen Anlagezeiträumen auftreten, und schließen daraus ebenfalls auf eine realistische Risikoeinschätzung durch die Anwender. Die Analyse ermittelt außerdem, dass mit Short- und Leveraged-ETFs keine von normalen ETFs stark abweichenden Risiken eingegangen werden, bedingt durch die deutlich kürzere Haltedauer, insbesondere im Fall der 2×-Leveraged-Short-ETFs.[40]

Ob die ermittelten durchschnittlichen Haltedauern ein Indikator für das Produktverständnis sind, bleibt nach Meinung des Autors jedoch zweifelhaft. Die wichtige Empfehlung für den Anleger ist eindeutig der relativ kurzfristige Einsatz dieser besonderen Art von ETFs, um

---

[39] Funke, Christian / Gebken, Timo / Johanning, Lutz, *Investitionsverhalten bei Short- und Leveraged-ETFs*, WHU – Otto Beisheim School of Management, Vallendar, Stand: 12.12.2012, S. 5.

[40] Funke, Christian / Gebken, Timo / Johanning, Lutz, *Investitionsverhalten bei Short- und Leveraged-ETFs*, WHU – Otto Beisheim School of Management, Vallendar, Stand: 12.12.2012, S. 5 ff.

Performancenachteile, die sich mit zunehmender Volatilität und Haltedauer erhöhen, zu vermeiden.

Der neue ETF-Anbieter Boost, der im Dezember 2012 erstmalig ETFs an der London Stock Exchange gelistet hat, bietet ein auf Leveraged- und Short-ETFs spezialisiertes Produktangebot an, derzeit ausschließlich mit dreifachem Hebel. In den USA sind mehrfach gehebelte Short- und Leveraged-ETFs schon länger fester Bestandteil des ETF-Marktes. Die Tücken solcher Produkte liegen im Detail. Je größer der Hebel, desto kurzfristiger sollte der Anlagehorizont sein. Je höher die Volatilität des zugrunde liegenden Index während der Haltedauer tatsächlich ausfällt, desto größer ist die Abweichung von der erwarteten Rendite.

2.9 Aktive ETFs

Aktive ETFs haben in Europa bisher eine kurze Geschichte. Der in Zürich ansässige Schweizer Vermögensverwalter Swiss and Global Asset Management hat im Juni 2012 vier derartige ETFs auf unterschiedliche Anlageregionen über die Fondsgesellschaft des Bankhauses Julius Bär aufgelegt. Analog zu den ETFs wird zunächst ebenfalls ein marktkapitalisierungsgewichteter Aktienindex betrachtet. Im Unterschied zu den traditionellen Konzepten findet dann eine aktive Auswahl von bis zu 200 unter den im betrachteten Index enthaltenen Aktien durch einen Fondsmanager statt. Die Abbildung erfolgt physisch und durch vollständige Replikation der ausgewählten Aktien. Dabei verzichtet das Fondsmanagement vollständig auf Wertpapierleihegeschäft im Hinblick auf ein Risikomanagement, das Emittenten- und Gegenparteirisiken nicht zulässt. Angewendet werden zwei systematische Strategien. Einmal werden die Aktien nach einer Trendfolgestrategie, die typische Verhaltensmuster analysiert, ausgewählt und gleichgewichtet in das erste Teilportfolio aufgenommen. Die zweite Methode wählt Aktien nach sogenannten Value-Kriterien aus, bei denen die Aktienbewertung im Vordergrund steht und Preisanomalien ausgenützt werden sollen. Die Aktien in diesem Teilportfolio werden nach Marktkapitalisierung gewichtet. Der Anteil am Gesamtportfolio wird durch die historische risikogewichtete Rendite der jeweiligen Strategie definiert.[41]

ETF	Benchmark
JB Smart Equity ETF World	MSCI AC World Daily TR Net Index
JB Smart Equity ETF Emerging Markets	MSCI EM Daily TR Net Index
JB Smart Equity ETF Europe	MSCI Europe Daily TR Net Index
JB Smart Equity ETF Asia	MSCI Asia Pacific ex Japan Daily TR Net Index

Tabelle 2.21: Aktive Aktien-ETFs.

Für Anleihen bietet der US-amerikanische Asset-Manager Pimco in Kooperation mit dem ETF-Anbieter Source aktiv gemanagte, physisch replizierende Anleihen-ETFs an. Dabei wurde für die Währungen Euro, US-Dollar und Britisches Pfund jeweils ein kurzfristig anlegender Anleihen-ETF aufgelegt, der aktiv von einem Portfoliomanager verwaltet wird. Anlageschwerpunkt sind jeweils kurzfristige Staatsanleihen, Unternehmensanleihen (Investment Grade), gedeckte Anleihen und Cash. Im Falle des PIMCO Euro Short Maturity Source ETFs ergeben sich folgende Schwerpunkte hinsichtlich Sektordiversifikation, Rating und Laufzeiten:

---

[41] Pressemitteilung: Swiss & Global notiert die ersten rein aktiv verwalteten Aktien-ETFs an Deutscher Börse, www.swissglobal-am.de; Stand: 25.06.2012.

Sektordiversifikation	Unternehmensanleihen (Investment Grade): 47 %	Staatsanleihen: 41 %
Ratings	AAA: 54 %, AA: 18 %	unterhalb A1/P1: nur 3 %
Laufzeiten	0–3 Monate: 38 %	1–3 Jahre: 42 %

Tabelle 2.22: Anlageschwerpunkte des PIMCO Euro Short Maturity Source ETFs.

2.10 Währungs-ETPs

Währungs-ETPs gehören zu den exotischen Produkten im Gesamtangebot der Investmentmöglichkeiten. Sie sind insbesondere deshalb interessant für den Anleger, da sie neben den bekannten Anlageklassen Aktien, Anleihen und Rohstoffen eine eigene Anlageklasse bilden, die nicht mit den gerade genannten korreliert. Dadurch eignet sich diese Produktkategorie zur Risikodiversifikation eines Anlageportfolios im Rahmen der Asset Allocation. Dabei gibt es Währungs-ETCs von ETFSecurities, die sich auf einen Index beziehen, der die Parität zweier Währungen und deren Zinsdifferenz abbildet und schon im Produktnamen erklärt, welche der beiden Währungen ge- und verkauft wird. Beispielsweise steigt der MSFXSM Long Swiss Franc/Euro Index (TR), wenn der Schweizer Franken gegenüber dem Euro aufwertet. Es handelt sich um einen Total-Return-Index, der die Wertentwicklung einer vollständig besicherten Position in Währungsterminkontrakten abbildet, die täglich aufgelegt werden. Der Index bietet ein Long-Engagement gegenüber Wechselkursschwankungen zwischen dem Schweizer Franken und dem Euro und den lokalen Zinssätzen. Die Indexmethode wurde von der US-Investmentbank Morgan Stanley entwickelt. Wie bei Rohstoffen basiert der Index auf Terminkontraktpreisen und ist nicht direkt investierbar.

Der darauf basierende ETC, der ETFSecurities Long CHF Short EUR ist durch Währungsgeschäfte gedeckt, die mit Kontrahenten aus dem Devisenhandel eingegangen werden. Das Kontrahentenrisiko wird durch täglichen Barausgleich bei Handelsschluss minimiert. Die Barmittel werden für Wertpapierpensionsgeschäfte gegen Sicherheiten verwendet, wobei diese von einem externen Sicherheitenverwalter auf einem Treuhandkonto verwahrt und täglich bewertet werden.

Das Produktangebot hält besicherte Währungs-ETCs auf folgende Währungen gegenüber dem Euro vor: US-Dollar, Kanadischer Dollar, Australischer Dollar, Britisches Pfund, Japanischer Yen, Schweizer Franken, Norwegische Krone, Schwedische Krone, Neuseeländischer Dollar. Dabei wird jeweils ein Index abgebildet, der bei einen Anstieg bzw. Rückgang des Wechselkurses einer dieser Währungen gegenüber dem Euro eine positive Wertentwicklung aufweist, die sich dann in der Performance des ETCs nach Abzug der jährlichen Gebühren widerspiegelt.[42]

db X-trackers bietet unterschiedliche Handelsstrategien basierend auf Währungen als ETFs an. »Das Anlageziel des db X-trackers Currency Valuation ETF besteht darin, die Wertentwicklung des Deutsche Bank Valuation Index abzubilden. Dieser ist ein Devisenindex, bei dem Dreimonats-Terminkontrakte auf drei ›unterbewertete‹ G10-Währungen gekauft und Dreimonats-Terminkontrakte auf drei ›überbewertete‹ G10-Währungen verkauft werden. Dazu wird der durchschnittliche Kassawechselkurs dieser Währungen im Verhältnis zum US-Dollar im letzten Quartalszeitraum mit den Kaufkraftparitäten dieser Währungen verglichen. […] Diese Strategie basiert auf der Einschätzung, dass sich Währungen in Richtung ihres ›wahren Wertes‹ entwickeln, der sich in diesen Kaufkraftparitäten widerspiegelt, und dass durch den Aufbau von Long-Positionen in Währungen, deren Kassawechselkurse auf eine Unterbewertung hinweisen, bzw. den Aufbau von Short-Positionen in Währungen, deren Kassawechselkurse auf eine Überbewertung hinweisen, höhere Erträge erzielt werden können als durch eine gleichgewichtete Anlage in die G10-Währungen. Der Index ist mit einer Ver-

---

[42] www.etfsecurities.com; Stand: 29.01.2013.

zinsungskomponente ausgestattet, sodass der Wert des Index abgesehen von den Schwankungen aufgrund von Veränderungen der Wechselkurse und Zinssätze der Indexwährungen zu einem Geldmarktsatz steigt. Der Schlussstand des funded Index wird daher auch durch Änderungen des von der Europäischen Zentralbank berechneten Tagesgeldsatzes am Interbankenmarkt der Eurozone beeinflusst (›EONIA Fix‹). [...] Der Pool von Währungen, die für die Aufnahme in jeden der zugrunde liegenden Indizes geeignet sind, setzt sich aus den 10-Währungen‹ zusammen. Australischer Dollar, Kanadischer Dollar, Schweizer Franken, Euro, Britisches Pfund, Japanischer Yen, Norwegische Krone, Neuseeländischer Dollar, Schwedische Krone und US-Dollar. [...] Die Indexwährungen für jedes Quartal werden am zweiten Indexgeschäftstag vor dem dritten Mittwoch im März, Juni, September und Dezember jedes Jahres (oder, falls ein solcher Tag kein Indexgeschäftstag ist, am unmittelbar folgenden Indexgeschäftstag) aus den G10-Währungen ausgewählt.«[43]

Der db X-trackers Currency Momentum UCITS ETF (EUR) bildet den Deutsche Bank Momentum Index ab, bei dem Einmonats-Terminkontrakte auf drei G10-Währungen, die im vorangegangenen Zwölfmonatszeitraum gegenüber dem US-Dollar den größten Wertzuwachs verzeichnet haben, gekauft und Einmonats-Terminkontrakte auf drei G10-Währungen, die im vorangegangenen Zwölfmonatszeitraum gegenüber dem US-Dollar den größten Wertverlust verzeichnet haben, verkauft werden, wie durch die Kassawechselkurse für diese Währungen gegenüber dem US-Dollar bestimmt. Der Deutsche Bank Carry Index, Basiswert des db X-trackers Currency Carry UCITS ETF (EUR), soll eine Strategie abbilden, bei der Dreimonats-Terminkontrakte auf drei G10-Währungen in Rechtsordnungen mit hohen Zinsen gekauft und Dreimonats-Terminkontrakte auf drei G10-Währungen in Rechtsordnungen mit niedrigen Zinsen verkauft werden. Tabelle 2.23 fasst die genannten Produkte zusammen.

---

[43] www.etf.db.com; Stand 29.01.2013.

ETP	Indexabbildung	Rechtliche Ausgestaltung
Diverse ETPs von ETFSecurities auf die G10-Währungen oder ausgewählte Emerging-Markets-Währungen gegen Euro oder US-Dollar	Währungspaare und Zinsdifferenz	Inhaberschuldverschreibung (besichert durch Bank of New York Mellon)
db X-trackers Currency Valuation ETF	Währungsstrategie	Sondervermögen
db X-trackers Currency Momentum UCITS ETF	Währungsstrategie	Sondervermögen
db X-trackers Currency Carry UCITS ETF	Währungsstrategie	Sondervermögen

Tabelle 2.23: Währungs-ETPs.

2.11 Volatilitäts-ETPs

Exchange Traded Notes (ETNs) bieten Zugang zu Anlagen, die unter Umständen im Rahmen einer ETF-Struktur nicht erlaubt sind. Interessant ist insbesondere die Möglichkeit, Volatilität als zusätzliche Anlageklasse beim Aufbau einer Asset Allocation berücksichtigen zu können oder Anlageprodukte taktisch einzusetzen, die die Wertentwicklung der Aktienmarktvolatilität abbilden. Barclays Capital, die Investmentbanking-Sparte der im Vereinigten Königreich beheimateten Barclays Bank bietet über ihre Marke iPath ETNs an, die die Performance der VSTOXX Futures und der S&P 500 VIX Futures Indizes abbilden. Diese Indizes bieten durch ein fortlaufendes Investment in Termingeschäfte Zugang zur Volatilität europäischer bzw. US-amerikanischer Aktien. Ähnlich wie synthetische ETFs weisen ETNs normalerweise eine sehr genaue Indexabbildung auf, da diese lediglich ein Versprechen der Bank sind, die Rendite des abgebildeten Index abzüglich laufender Gebühren bei Fälligkeit zu liefern. Da diese Art von

ETN im Gegensatz zu einem Gold-ETC nicht gesichert ist und rechtlich eine Schuldverschreibung darstellt, muss sich der Investor darüber im Klaren sein, dass er analog zu einem Zertifikat das Ausfallrisiko der Emittentin vollumfänglich trägt. Hinsichtlich ihrer Handelbarkeit an den Börsen gelten für ETNs die gleichen Usancen wie für ETFs. Für die Anlageklasse Volatilität gibt es aber auch Lösungen in Form von OGAW-konformen ETFs, die wie im Falle von Rohstoffindizes über einen Total Return Swap die Indexwertentwicklung im Sondervermögen darstellen.

Im Falle von Volatilitätsindizes gilt es zu beachten, dass diese im Gegensatz zu Aktien- oder Rentenindizes nicht direkt investierbar sind, sondern als gewichteter Durchschnitt von am Markt beobachteten Optionspreisen auf den Index errechnet werden, dessen Volatilität abgebildet werden soll.[44] Vor Einführung der Terminkontrakte auf den VIX Index an der in Chicago ansässigen Terminbörse CBOE (Chicago Board Options Exchange) im Jahre 2004 waren nur Finanzprofis in der Lage, Preise für Volatilitätsindizes zu berechnen und im Interbankenmarkt auf Einzelvertragsbasis zu handeln.[45] Der von der CBOE fortlaufend berechnete und veröffentlichte VIX Index neigt dazu, in Phasen fallender Aktienmärkte an Wert zu gewinnen und in Phasen steigender Aktienmärkte an Wert zu verlieren. Diese häufig beobachtbare gegensätzliche Wertentwicklung wird als »negative Korrelation« bezeichnet. Analog zu Rohstoff-Terminkontrakten können bei Terminkontrakten mit unterschiedlichen Laufzeiten auf den VIX Index Rollkosten entstehen, da die ETNs bzw. ETFs sich ausschließlich auf die Abbildung der Wertentwicklung eines Index beziehen können, der Preise von VIX-Terminkontrakten erfasst und wegen der Endlichkeit, die deren Laufzeit aufweist, rechtzeitig und systematisch in Folgekontrakte umschichten muss. Dies wird durch die Berechnung der

---

[44] Goltz, Felix / Stoyanov, Stoyan, *The Risks of Volatility ETNs: A Recent Incident and Underlying Issues*, EDHEC Risk Institute, Nizza, September 2012, S. 3 ff.

[45] Kang, Xiaowei / Ung, Daniel, *Evaluating Index Tradeability*, www.indexuniverse.eu, Stand: 17. August 2012, S. 3 f.

seit März 2004 erstellten Indizes, des S&P 500 VIX Short-Term Futures Index bzw. des S&P 500 VIX Mid-Term Futures Index, geleistet. Beide Indizes sind Basisinstrumente von ETNs bzw. ETFs, und ihre Wertentwicklung spiegelt sowohl die Performance kurzfristiger US Treasury Bills wider, die die zugrunde liegenden Futures-Positionen besichern, als auch die Wertentwicklung der jeweiligen S&P 500 VIX Futures Indizes. »Der S&P VIX 500 Short-Term Futures Index spiegelt die Wertentwicklung eines ›rollenden‹ Portfolios aus VIX-Futureskontrakten mit einer Restlaufzeit von einem bis zwei Monaten wider. Börsentäglich werden hierbei Futureskontrakte mit einer kürzeren Restlaufzeit verkauft und gleichzeitig Futureskontrakte mit einer längeren Restlaufzeit gekauft, um dadurch eine konstante durchschnittliche Restlaufzeit von einem Monat zu erzielen.«[46] Im Falle des S&P VIX 500 Mid-Term Futures Index wird die gleiche Methodik auf VIX-Futures-Kontrakte mit einer Restlaufzeit von vier, fünf, sechs und sieben Monaten angewandt, um dadurch eine konstante durchschnittliche Restlaufzeit von fünf Monaten zu gewährleisten.

»Die VIX-Futurespreise spiegeln die Markterwartungen hinsichtlich zukünftiger Aktienmarktvolatilität wider, die entweder höher oder niedriger sein können als die aktuelle Aktienmarktvolatilität, ausgedrückt durch den aktuellen Stand des VIX-Index. Falls ein zukünftiger Anstieg der Aktienmarktvolatilität erwartet wird, handeln die Futurespreise über den entsprechenden Spotpreisen. Diese Marktsituation, in welcher Preise für eine zukünftige Geschäftsabwicklung höher sind als für eine sofortige, wird als ›Contango‹ bezeichnet. Falls umgekehrt eine zukünftige Verringerung der Aktienmarktvolatilität erwartet wird, handeln die Futurespreise unter den entsprechenden Spotpreisen. Diese Marktsituation [...] wird als ›Backwardation‹ bezeichnet. Die Restlaufzeit von Futures verringert sich von Tag zu Tag. Bei Fälligkeit werden die VIX-Futures gemäß dem an diesem Zeitpunkt aktuellen VIX-Indexstand abgerechnet. Die Annäherung des Futurespreises an

---

[46] Über die S&P 500 VIX Short-Term und Mid-Term Futures Indizes, iPath, Barclays Capital, S. 3.

den Spotpreis über die Zeit führt zur Entstehung von Rollgewinnen und Rollverlusten, die dazu beitragen, dass die VIX-Futures-Indizes eine von der des VIX-Index abweichende Wertentwicklung aufweisen. […] Kurzfristig können Markterwartungen hinsichtlich Volatilität stark schwanken. Der VIX-Index und die VIX-Futures-Indizes können große tägliche Schwankungen aufweisen, insbesondere in allgemeinen Marktschwächephasen. […] Im Gegensatz zu bestimmten anderen Vermögensklassen, tendiert Aktienmarktvolatilität im Laufe der Zeit auf ihr langfristiges Durchschnittsniveau zurück. Dies führt dazu, dass bei hoher Volatilität in der Zukunft mit sinkender Volatilität gerechnet wird und umgekehrt.«[47] Auf Basis dieser Erkenntnis ergeben sich bei der Anlageklasse Volatilität durch gezielte taktische Investments in Volatilitäts-Produkte.

Historisch lässt sich für die S&P 500 VIX Futures Indizes eine sehr hohe positive Korrelation der Tagesrenditen mit denen des VIX-Index nachweisen und für diese beiden wiederum eine relativ hohe negative Korrelation mit denen des S&P 500 beobachten. Das bedeutet, dass der Wert des ETNs bzw. ETFs auf einen der beiden S&P 500 VIX-Futures-Indizes steigt, wenn der S&P 500 in einer schwachen Marktphase fällt. Dadurch eignet sich der ETN auch zur Absicherung eines US-amerikanischen Aktienportfolios, dessen Wertentwicklung nahe an der des S&P 500 liegt.

Analog konstruierte Indizes und darauf basierende ETNs gibt es auch für den europäischen Aktien- und Anleihenmarkt. Short- und Leveraged-Versionen auf die Volatilität europäischer und US-amerikanischer Aktien werden für fortgeschrittene Anleger von der Commerzbank in Form von ETNs ebenfalls angeboten. Tabelle 2.24 fasst Anlagelösungen in Form von ETNs und ETFs für die Anlageklasse Volatilität zusammen.

---

[47] Über die S&P 500 VIX Short-Term und Mid-Term Futures Indizes, iPath, Barclays Capital, S. 4.

ETN bzw. ETF	Anlageklasse	Rechtliche Ausgestaltung
iPath® VSTOXX® Short-Term Futures™ ETN	Volatilität Aktien Europa	Inhaberschuldverschreibung der Barclays Bank
iPath® VSTOXX® Mid-Term Futures™ ETN	Volatilität Aktien Europa	Inhaberschuldverschreibung der Barclays Bank
iPath® S&P 500 VIX Short-Term Futures™ ETN	Volatilität Aktien USA	Inhaberschuldverschreibung der Barclays Bank
iPath® S&P 500 VIX Mid-Term Futures™ ETN	Volatilität Aktien USA	Inhaberschuldverschreibung der Barclays Bank
S&P 500 VIX Futures Source ETF	Volatilität Aktien USA	Sondervermögen
Lyxor ETF S&P 500 VIX Futures Enhanced Roll	Volatilität Aktien USA	Sondervermögen
db X-trackers Euro Interest Rates Volatility TR Index ETF	Volatilität Anleihen Europa	Sondervermögen

Tabelle 2.24: ETNs und ETFs auf Volatilität als Anlageklasse.

Kapitel 3: Was muss ich beim Kauf von ETFs beachten? Wie setze ich ETFs als Bausteine eines Anlageportfolios ein?

Unbestritten: Das Angebot an ETFs ist sowohl hinsichtlich Anlagethemen als auch Produktanbietern inzwischen vielfältig und breit gefächert. Um zu vermeiden, dass man den Wald vor lauter Bäumen nicht mehr sieht, widmet sich dieses Kapitel der zielgerichteten Information über ETFs, der Produktauswahl und dem erfolgreichen Einsatz von ETFs in der Kapitalanlage.

3.1 Warum indexiert investieren?

Die grundlegende Frage, die jeder Investor für sich beantworten muss, ist die nach dem eigenen Investitionsstil. Für fast jedes Anlagethema besteht die Auswahl zwischen einer Vielzahl aktiver verwalteter Investmentfonds und ETFs, die einen entsprechenden Index abbilden und im Fachjargon als passive Anlageprodukte bezeichnet werden, da kein Portfoliomanager aktiv am Anlageprozess beteiligt ist. ETFs als passive Anlageprodukte waren in den letzten Jahren wesentlich erfolgreicher hinsichtlich der Mittelzuflüsse als aktiv verwaltete Investmentfonds. »Der Trend, in passive Fondsprodukte zu investieren, setzt sich weiter fort«, erläutert Henning Seeler von der Comdirect Bank. Laut einer aktuellen Auswertung der Commerzbank-Tochter Comdirect beträgt der Anteil von ETFs am Fondsbestand der Kunden 2012 rund 18 Prozent. 2008 waren es 13 Prozent, ein Zuwachs von knapp 40 Prozent.[48]

Zahlreiche Studien belegen, dass nur eine überschaubare Anzahl von Portfoliomanagern in der Lage ist, ihre Benchmark zu schlagen, also eine bessere Performance abzuliefern als der Markt. In der im März 2012 veröffentlichten Studie von Lipper Thomson Reuters wurde die relative Performance von aktiven Aktien- und Rentenfonds mit Ihrer Benchmark über ein, drei und zehn Jahre verglichen. Von den aktiven Aktienfonds haben 2011 26,7 Prozent, über drei Jahre 40 Prozent und über die letzten zehn Jahre 34,9 Prozent besser als ihre Benchmark abgeschnitten. Bei aktiven Rentenfonds haben 2011 23,7 Prozent, über drei Jahre 45,4 Prozent und während der letzten zehn Jahre nur 16,2 Prozent eine positive Überschußrendite erzielen können. Die Erfolgsquote fällt im Falle von Aktienfonds in Abhängigkeit von der Region unterschiedlich aus. Beispielsweise gibt es für Fonds, die in nordamerikanische oder globale Aktien investieren, konsistent weniger Manager, die in der Lage sind, durch ihre Anlageentscheidungen die Marktrendite zu übertreffen als für Fonds, die in europäische oder britische Aktien investieren. Die aktiven Fonds, die in festverzinsliche Wertpapiere investieren, werden in Euro, US-Dollar, Global und Emerging Markets eingeteilt. Beim zehnjährigen Verlauf liegt die Rendite von 23,1 Prozent der Emerging-Markets-Fonds über ihrer Benchmark, im Falle von in Euro denominierten Anleihen lediglich 8,3% der Fonds. Die Durchschnittswerte für Outperformance können durch Fondsschließungen und Zusammenlegungen verzerrt dargestellt werden. Aus diesem Grund ist es sinnvoll, noch längere Zeitperioden rollierend zu betrachten. Der Anteil der aktiven Aktienfonds mit Überrendite hat während der letzten zehn Jahre (2001–2011) zwischen 26,7 und 59,1 Prozent geschwankt, wobei der jährliche Durchschnitt

---

[48] Grimm, Katharina, Passiv oder aktiv gemanagt?: Was Anleger beim ETF-Kauf beachten sollten, www.ftd.com; Stand: 07.08.2012.

bei 42,8 Prozent liegt. Der Äquivalenzwert für dreijährige rollierende Perioden liegt bei 41,4 Prozent und der für zehnjährige rollierende Perioden bei 39,7 Prozent. Die Beobachtungen sind im Zeitablauf relativ stabil. Tabelle 3.1 fasst die in der Studie errechneten Ergebnisse für unterschiedliche Anlageklassen und Regionen zusammen:

	1 Jahr	3 Jahre	10 Jahre
Alle Aktienfonds	42,8 %	41,4 %	39,7 %
Aktien Europa	37,7 %	35,9 %	27,0 %
Aktien Nordamerika	36,2 %	30,3 %	20,8 %
Aktien global	42,2 %	38,4 %	32,5 %
Aktien Asien Pazifik ex Japan	48,4 %	48,9 %	54,4 %
Aktien Emerging Markets	38,5 %	31,1 %	24,6 %
Aktien Großbritannien	46,4 %	47,6 %	47,4 %
Alle Rentenfonds	31,6 %	24,7 %	17,4 %
Anleihen Euro	25,8 %	18,5 %	6,3 %
Anleihen US-Dollar	25,9 %	16,8 %	6,4 %
Anleihen global	34,4 %	30,4 %	23,1 %
Anleihen Emerging Markets	45,8 %	45,4 %	–

Tabelle 3.1: Durchschnittlicher Anteil der Fonds, deren rollierende Rendite über ihrer Benchmark liegen; Periodenlängen: 1, 3 und 10 Jahre; 31.12.1991 bis 31.12.2011 (Quelle: Lipper Thomson Reuters[49]).

Für US-amerikanische Aktien führt die Researchabteilung des Indexanbieters S&P Dow Jones regelmäßig Erfolgskontrollen für die aktiven Manager durch und kommt zu ernüchternden Ergebnissen hinsichtlich deren Leistungen. In der letzten Veröffentlichung per Mitte 2012 lagen während der letzten fünf Jahre 65,44 Prozent der aktiven

---

[49] Moisson Ed, *Beating the Benchmark*, Lipper Thomson Reuters, März 2012, S. 6.

Manager für Aktien großkapitalisierter US-Unternehmen hinter der Performance des S&P 500® Index, 81,57 Prozent der Manager aktiver Mid-Cap-Aktienfonds hinter der Performance des S&P MidCap 400® Index. 77,73 Prozent der aktiven Small-Cap-Fondsmanager waren nicht in der Lage, die Rendite des S&P SmallCap® 600 zu übertreffen. Tabelle 3.2 fasst die in der Studie von S&P Dow Jones errechneten Ergebnisse für unterschiedliche Anlagestile für US-Aktien zusammen:

Fondskategorie US-Aktien	Vergleichsindex	1 Jahr	3 Jahre	5 Jahre
Alle Fonds	S&P Composite 1500®	10,16 %	26,76 %	32,28 %
Alle Large Caps	S&P 500®	14,49 %	14,84 %	34,56 %
Alle Mid Caps	S&P MidCap 400®	29,17 %	14,37 %	18,43 %
Alle Small Cap	S&P SmallCap 600®	9,05 %	16,11 %	23,27 %

Tabelle 3.2: Anteil der US-Aktienfonds, deren Rendite über ihrer Benchmark liegen; Periodenlängen: 1, 3 und 5 Jahre; 31.12.1991 bis 31.12.2011 (Quelle: S&P Dow Jones Indices[50]).

Tendenziell sind die Ergebnisse für aus Sicht der USA internationale Aktien in entwickelten Märkten und Emerging Markets ähnlich, aber weniger deutlich. Lediglich für internationale Small-Cap-Aktien wurde von einem hohen Anteil der aktiven Manager ein Mehrwert in Form von Outperformance geleistet.

Fondskategorie	Vergleichsindex	1 Jahr	3 Jahre	5 Jahre
Globale Aktien	S&P Global 1200®	33,98 %	26,87 %	38,39 %
International (*)	S&P 700®	45,71 %	33,92 %	26,35 %
International (Small Caps)	S&P Developed Ex-U.S. Small Cap®	82,76 %	79,95 %	75,51 %

50 Soe, Aye, *S&P Indices versus active funds scorecard*, McGraw-Hill, 2012, S. 3.

Fondskategorie	Vergleichsindex	1 Jahr	3 Jahre	5 Jahre
Emerging Markets	S&P/IFCI Composite®	49,73 %	34,56 %	16,28 %

Tabelle 3.3: Anteil der internationalen Aktienfonds, deren Rendite über ihrer Benchmark liegen; Periodenlängen: 1, 3 und 5 Jahre; 31.12.1991 bis 31.12.2011; * ohne USA (Quelle: S&P Dow Jones Indices).

Am wenigsten sinnvoll ist es bei US-Staatsanleihen, aktiven Managern sein Geld anzuvertrauen. Die Quote der Manager, die Outperformance nachweisen können, liegt im einstelligen Prozentbereich (6,38 Prozent für fünf Jahre). Aber auch für andere Anlagethemen im festverzinslichen Segment wie zum Beispiel Emerging-Markets-Anleihen (28,57 Prozent für fünf Jahre) oder Hochzinsanleihen (5,22 Prozent) liegt die Erfolgsquote der aktiven Manager erschreckend niedrig.

Selbst wenn ein aktiver Fondsmanager in einem Jahr erfolgreich ist und eine Überrendite gegenüber der Benchmark erzielt, bedeutet das keineswegs, dass er in der Lage ist, diese Leistung in den Folgejahren zu wiederholen. »Past Performance is not an indicator of future outcomes«, lautet ein oft zitierter Satz, den man in fast jedem Haftungsausschluss eines Fondsprospektes, also im sogenannten »Kleingedruckten«, finden kann. Der gleiche Autor von S&P Dow Jones Indices ist diesem Phänomen auf den Grund gegangen und hat in einer separat angelegten Studie festgestellt, dass von 707 untersuchten Fonds, die im September 2010 unter den besten 25 Prozent auf einer Rangliste lagen, lediglich 10 Prozent zwei Jahre später immer noch zu dieser Gruppe gehörten. In einem längerfristigen Vergleich von fünf hintereinander liegenden Jahresperioden befinden sich im September 2012 nur 0,18 Prozent aller US-Fonds immer noch unter den besten 25 Prozent und 4,46 Prozent in der besseren Hälfte.[51]

---

[51] Soe, Aye, *Does past performance matter? The persistence scorecard*, McGraw Hill, Dezember 2012, S. 2f.

Neben den Anlageentscheidungen der aktiven Manager gibt es jedoch weitere Gründe für deren geringe Erfolgsquote. Eine wesentliche Rolle spielen die deutlich niedrigeren Verwaltungsgebühren der Indexfonds bzw. ETFs im Vergleich zu den aktiv gemanagten Investmentfonds, deren Verwaltungsgebühr in der Regel durch eine hohe Vertriebskomponente belastend wirkt. Transaktionskosten gehen bei aktiven Fonds zulasten der Performance, während sie bei ETFs in Form einer Wertpapierhandelsprovision externalisiert werden. Vanguard, der weltweit drittgrößte Anbieter von ETFs und Indexfonds, hat in einer Studie ebenfalls die Renditen aktiver Fonds relativ zu ihrer Benchmark untersucht und dabei auch den Einfluss der Kosten betrachtet. Bevor die Unterschiede zwischen aktivem und passivem Portfoliomanagement betrachtet werden, wird für den Gesamtmarkt festgestellt, dass Outperformance oft als Nullsummenspiel betrachtet wird: Erzielt ein Anleger eine Überrendite gegenüber dem Markt, so muss ein anderer Marktteilnehmer entsprechend schlechter in seinem Anlageergebnis abschneiden. Die Summe der vermögensgewichteten Renditen aller Investoren entspricht damit exakt der Marktrendite.[52] »Die Summe aller Renditen kann man als Glockenkurve darstellen, wobei die Marktrendite dem Mittelwert entspricht. Dies gilt natürlich für alle Märkte, wie zum Beispiel länderspezifische Aktien- und Obligationenmärkte, oder auch für spezialisierte Märkte wie den Immobilienmarkt.«[53] In Abbildung 3.1 repräsentiert die rechte Glockenkurve die vermögensgewichteten Überschussrenditen vor Kosten, wobei die rechte Hälfte für positive Werte, die linke Seite für negative Werte steht und konsequenterweise deren Summe der Marktrendite entspricht. Werden auch die in der Realität üblichen Gebühren wie Managementgebühren und Transaktionskosten erfasst, verschiebt sich die Kurve nach links. Ein Teil der vermögensgewichteten Performance liegt dadurch zwar weiterhin auf der rechten Seite der Kurve, die die Marktrendite repräsen-

[52] Sharpe, William F., The Arithmetic of Active Management, *Financial Analysts Journal*, 47, Nr. 1, 1991, S. 7–9.

[53] Philips, Christopher B., *Die Vorteile der Indexierung am Beispiel europäischer und Offshore-Fonds*, Vanguard, April 2012, S. 4.

tiert (gestrichelter Teil), bleibt aber nach Abzug der Kosten hinter der Marktrendite zurück.

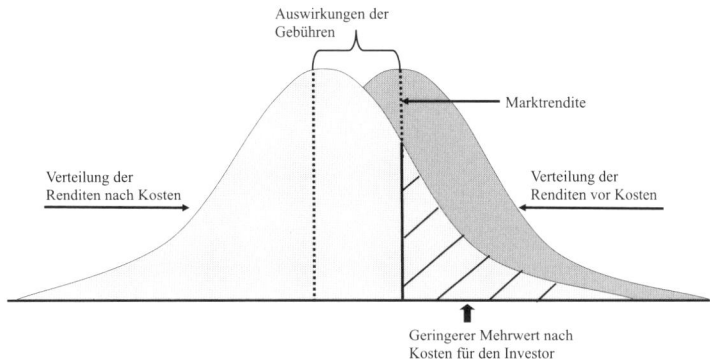

Abbildung 3.1: Auswirkungen der Kosten auf die Verteilung der Marktrenditen (Quelle: Vanguard).

Ein Großteil der vermögensgewichteten Performance der Anleger bleibt nach Kosten hinter der Marktrendite zurück. Je niedriger die Kosten eines Anlageproduktes, desto näher kommen die Investoren an die Marktrendite heran.

Wegen der Schwankungen der Überschussrenditen aktiver Fonds im Zeitablauf wurden in der Studie ausschließlich Zehnjahreszeiträume analysiert. Für unterschiedliche Aktienregionen und Länder sowie Anleihesegmente ergeben sich die in Tabelle 3.4 aufgelisteten historischen Erfolgsquoten aktiver Manager relativ zu ihrer Benchmark (bei Aktien: der jeweils passende MSCI-Index; bei Anleihen: der relevante Vergleichsindex aus der Barclays-Global-Aggregate-Indexfamilie).

Anlageklasse	Anteil aktiver Manger mit Outperformance
Aktien global	49 %
Aktien USA	18 %

Anlageklasse	Anteil aktiver Manger mit Outperformance
Aktien Europa	26 %
Aktien Eurozone	43 %
Aktien Pazifikraum ohne Japan	37 %
Aktien Japan	18 %
Aktien Frankreich	43 %
Aktien Deutschland	46 %
Aktien Emerging Markets	18 %
Anleihen US-Dollar diversifiziert	76 %
Anleihen Euro diversifiziert	4 %
Anleihen Euro kurzfristig	2 %
Anleihen global	52 %
Anleihen Euro High-Yield	0 %

Tabelle 3.4: Anteil aktiver europäischer und Offshore-Fonds mit positiven Netto-Überschussrenditen nach Kosten (Quelle: Vanguard; Zehnjahresdaten per 31.12.2011[54]).

Aufgrund der engeren Renditeverteilung bei Anleihenfonds ist der Mehrwert einer kostengünstigen indexierten Anlage noch offensichtlicher als im Falle von Aktien. Der Mehrwert stammt hier in erster Linie aus der Kostendifferenz und weniger aus der Leistung der Portfoliomanager. Hinsichtlich der Auswirkungen der Kostenbelastung (Cost Drag) aktiver Fonds lässt sich festhalten: Die Kosten spielen insbesondere für die langfristige relative Performance aktiv verwalteter Fonds gegenüber Indexfonds bzw. ETFs eine große Rolle, während beim kurzfristigen Vergleich die Renditen aktiver Fonds

[54] Philips, Christopher B., *Die Vorteile der Indexierung am Beispiel europäischer und Offshore-Fonds*, Vanguard, April 2012, S. 6 ff.

stark schwanken können und der Kostenaspekt dadurch in den Hintergrund rückt. Je länger der Anlagehorizont, desto deutlicher treten die relativen Kostenvorteile einer indexierten Anlage in den Vordergrund. Da die oben angeführte Statistik nach der Anzahl der Fälle für Überschussrendite aufgebaut ist, unterscheidet sie nicht nach der Höhe. Aufschlussreich ist daher auch ein Blick auf die durchschnittlichen Überschussrenditen aktiv verwalteter Fonds im Vergleich zu ihrer Benchmark.

Anlageklasse	Gleichgewichteter Durchschnitt	Benchmark-rendite	Überschuss-rendite
Aktien global	−0,84 %	1,03 %	−1,87 %
Aktien USA	−2,69 %	−0,64 %	−2,05 %
Aktien Europa	−0,73 %	1,11 %	−1,84 %
Aktien Asien/Pazifik ohne Japan	1,45 %	2,05 %	−0,59 %
Aktien Asien/Pazifik mit Japan	6,94 %	7,77 %	−0,83 %
Anleihen US-Dollar diversifiziert	0,64 %	1,86 %	−1,22 %
Anleihen Euro diversifiziert	3,37 %	4,58 %	−1,21 %
Anleihen Euro kurzfristig	2,03 %	3,61 %	−1,58 %
Anleihen global	2,98 %	3,19 %	−0,21 %
Anleihen Euro High-Yield	5,04 %	8,08 %	−3,03 %

Tabelle 3.5: Durchschnittliche Überschussrendite aktiver europäischer und Offshore-Fonds mit positiven Netto-Überschussrenditen nach Kosten (Quelle: Vanguard; annualisierte Zehnjahresrenditen per 31.12.2011[55]).

---

[55] Philips, Christopher B., *Die Vorteile der Indexierung am Beispiel europäischer und Offshore-Fonds*, Vanguard, April 2012, S. 14.

Der zusätzliche Einblick, der durch die Betrachtung der durchschnittlichen Höhe der Überschussrenditen gewonnen wird, zeigt deutliche Unterschiede in Abhängigkeit vom Anlagethema auf. Mit zunehmender Anlagedauer ist jedoch mit einer Annäherung an den durchschnittlichen Kostennachteil der aktiven Fonds zu rechnen.

Unterschiedliche Studien mit unterschiedlichen Datengrundlagen hinsichtlich der aktiv verwalteten Fonds kommen tendenziell zum gleichen Ergebnis – und das für unterschiedliche Anlageklassen sowie unterschiedliche Teilsegmente innerhalb dieser Anlageklassen. Für Investoren liefern sie alle ausreichend Begründung, kostengünstige indexierte Geldanlagen via ETFs zu bevorzugen.

3.2 Wo finde ich Informationen über ETFs?

Die Auswahl an Informationsquellen zu ETFs ist reichhaltig. Fachmagazine, Online-Angebote und das Informationsangebot der Produktanbieter bieten dem Anleger die Möglichkeit, zielorientiert nach Informationsmaterial zu suchen.

Als deutschsprachige Fachmagazine haben sich inzwischen zwei Publikationen fest etabliert. Quartalsweise erscheint das *ETF-Magazin* der Börse Frankfurt in Zusammenarbeit mit *Focus Money*, das sich an professionelle Investoren, Vermögensverwalter und Berater richtet, aber natürlich auch für alle anderen Anleger interessant sein kann. Die gedruckte Ausgabe des *ETF-Magazins* kann man per E-Mail bestellen (redaktion@deutsche-boerse.com). Daneben steht das Magazin auch als PDF-Datei zum Download zur Verfügung (www.boerse-frankfurt.de).

Das *EXtra Magazin* erscheint monatlich als Printausgabe und wird ebenfalls zum Download angeboten (www.extra-funds.de). Auf der tagesaktuellen Webseite finden sich Produktanalysen und -empfehlungen, Interviews mit Entscheidungsträgern der ETF-Anbieter oder Handelsabteilungen der Liquidität schaffenden Banken. Eine Rubrik ist dabei auch der reinen Vermittlung von Grundwissen über ETFs gewidmet. Dabei steht der Selbstentscheider unter den Privatanlegern ebenso sehr im Fokus wie Vermögensverwalter und deren Kunden sowie Berater.

Morningstar ist eine bewährte Quelle für aussagekräftige Informationen über Aktien, Investmentfonds, ETFs, Hedgefonds und viele weitere Anlageprodukte. Die Webseite www.morningstar.de bietet den Zugang zu objektiven Informationen über Investmentfonds inklusive ETFs, die Privatanleger in Deutschland erwerben können. Die Seite enthält ferner unabhängige redaktionelle Inhalte, die von Morningstar-Analysten weltweit erstellt werden. Es gibt eine umfangreiche Sonderrubrik über ETFs, in der Produktanalysen und Research-Studien veröffentlicht werden und inhaltlich wertvolles Hintergrundwissen vermittelt wird. Aktuelle Entwicklungen auf dem ETF-Markt werden rege kommentiert.

www.indexuniverse.eu ist eine englischsprachige Online-Publikation mit dem inhaltlichen Schwerpunkt auf Indizes, Indexfonds, ETFs und Investmentprodukten, die auf Indexstrategien basieren. Nachrichten, Kommentare und Analysen richten sich an eine fortgeschrittene europäische Zielgruppe als Leserschaft. Ziel ist die anspruchsvolle Wissensvermittlung über ETFs und damit verbundenen Themen sowie eine absolute Unabhängigkeit bei der Darstellung der Sichtweisen. Die Redaktion veröffentlicht ebenso das *Journal of Indexes Europe*, ein alle zwei Monate als Printversion erscheinendes Fachmagazin, das sich aktuelle Trends bei indexierten Anlagen zum Thema macht. Für Profis werden jährliche ETF-Konferenzen sowie reguläre Webinare zu ETF- und Indexthemen veranstaltet.

ETF Strategy ist eine der führenden Informationsquellen zum Thema ETFs für unabhängige Finanzberater, Vermögensverwalter und deren

Kunden, Bankberater und selbstentscheidende Privatanleger in Großbritannien. Durch die paneuropäische Struktur des ETF-Geschäfts ist www.etfstrategy.co.uk auch für interessierte Leser in anderen Ländern geeignet. Der Produktfokus liegt klar auf ETPs (ETFs, ETCs und ETNs). Inhaltlich stehen Produktanalysen, Branchenneuigkeiten, Asset-Allocation-Themen und Meinungen von Vertretern der ETF-Industrie im Vordergrund. Auf der Webseite wird die Registrierung für einen Newsletter angeboten. Ein Printmagazin mit vierteljährlichem Erscheinungsrhythmus ist für 2013 angekündigt.

etfinfo ist eine Plattform für Informationen und Pflichtveröffentlichungen im ETF-Bereich. Auf www.etfinfo.com erhalten Benutzer schnell und kostenfrei Zugang zur Datenbank mit zahlreichen Dokumenten und Fondsdaten der teilnehmenden ETF-Anbieter. Die in der Schweiz beheimatete Datenbank bietet als interessante Funktion eine Vergleichsmöglichkeit für bis zu fünf ETFs.

Ebenfalls auf den deutschen und Schweizer Markt ausgerichtet ist das ETF-Portal www.youquant.com, das sich auf einige wenige Statistiken, die Vorstellung von ETF-Anbietern und Experteninterviews beschränkt.

DAS INVESTMENT ist ein monatlich erscheinendes Magazin zur Kapitalanlage. Kernkompetenzfelder sind Investmentfonds inklusive ETFs, Versicherungen, Alternative Investments sowie alles rund um das Thema Portfolio. *DAS INVESTMENT* nimmt zu allen Anlageklassen Stellung und schafft Orientierung über die Vielfalt der Finanzprodukte. Über das tagesaktuelle Online-Portal www.dasinvestment.com kann man sich täglich zielgerichtet in der ETF-Rubrik über aktuelle Neuigkeiten wie zum Beispiel frisch an der Börse eingeführte ETFs informieren und für einen Newsletter registrieren. Kernzielgruppen sind Finanzberater und Versicherungsmakler, Finanz-Maklerpools und Finanzvertriebe, Bankberater und Versicherungsvermittler, Vermögensverwalter und deren Kunden sowie selbstständig handelnde Privatanleger.

Finanz- und Kapitalmarktnachrichten in Kombination mit Kursdaten zu Wertpapieren, Investmentfonds inklusive ETFs und Zertifikaten finden sich beispielsweise auf den Online-Portalen www.onvista.de, www.boerse-go.de und www.godmode-trader.de. In allen Fällen wird eine ETF-Rubrik angeboten, unter der sich Produktdaten und Kurse über eine Datenbank abfragen lassen. Inhaltliche Aspekte zu ETFs spielen eine wesentlich geringere Rolle als in den oben erwähnten Portalen.

Neben den neutralen Informationsquellen haben alle ETF-Anbieter ihren Auftritt im Netz. Die Webseite vom Marktführer iShares (www.ishares.de) wurde 2012 bei den vom *EXtra-Magazin* veranstalteten ETF-Awards unter anderem mit dem ersten Platz für den besten Online-Auftritt unter den ETF-Anbietern ausgezeichnet. Neben dem logischen und benutzerfreundlichen Aufbau hat sicherlich auch das reichhaltige Angebot an Hintergrundwissen den Ausschlag gegeben. In der gleichen Liga spielt der zweitgrößte europäische Anbieter db X-trackers (www.etf.db.com/de), der diese Auszeichnung wohl mit derselben Begründung schon im Vorjahr verliehen bekommen hat. Eine Übersicht aller ETF-Anbieterseiten finden Sie im nachfolgenden Abschnitt dieses Kapitels, in dem die ETF-Häuser im Rahmen des Produktauswahlprozesses porträtiert werden.

BlackRock, die Vermögensverwaltungsgesellschaft hinter der ETF-Marke iShares, veröffentlicht monatlich unter *ETF-Landscape* Statistiken zum ETF-Markt. Die aktuelle und einige zurückliegende Ausgaben lassen sich auf www.ishares.de finden. Der interessierte Leser kann sich dort für den monatlichen E-Mail-Versand der aktuellen Ausgabe des *Monthly Reports: Industry Highlights* registrieren. Inhaltlich geht es im Wesentlichen um die Entwicklung der verwalteten ETF-Vermögen, der Anzahl der Produkte und der Marktanteile der Anbieter. Weiterhin wird auf Börsenumsätze sowie Zu- bzw. Abflüsse in Anlagethemen eingegangen. Research ähnlichen Inhaltes bietet die Deutsche Bank im Downloadcenter auf www.etf.db.com/de an. Das von Deborah Fuhr gegründete unabhängige ETF-Research-Haus ETFGI (www.etfgi.com) bietet institutionellen Anlegern noch ausführlichere monatliche Statistiken zum ETF-Markt an und beabsichtigt die Entwicklung einer Online-Datenbank für registrierte Nutzer.

Interessenten an akademischen Veröffentlichungen zum ETF-Markt werden bei dem in Nizza beheimateten EDHEC Risk Institute (www.edhec-risk.com) fündig, das regelmäßig Umfragen zum Anlegerverhalten professioneller Investoren in Sachen ETFs veröffentlicht. Ebenso findet man dort Untersuchungen zur aktuellen Thematik der Strategie-ETFs, die alternative Indexgewichtungsmethoden berücksichtigen. Der Lehrstuhl für Kapitalmarktforschung an der WHU – Otto Beisheim School of Management (www.whu.edu) untersucht ebenfalls Fragestellungen aus der ETF-Branche in wissenschaftlichen Studien.

3.3 Nach welchen Kriterien wähle ich ETFs von unterschiedlichen Anbietern aus?

Für die Auswahl eines ETFs existiert eine Vielzahl von Kriterien, die Entscheidungshilfen bieten, wobei deren Priorisierung individuell verschieden ausfallen kann. Unterschiedliche Anlegertypen wählen eben ETFs nach unterschiedlichen Kriterien aus. Während für den einen die Gesamtkostenquote den Ausschlag gibt, ist für einen anderen Anleger die Abbildungsmethode entscheidend. Dem Standing der anbietenden Gesellschaft kann ebenso eine hohe Bedeutung im Auswahlprozess zukommen wie das aktuell verwaltete Vermögen eines ETFs.

3.3.1 Index-Auswahl

Hat sich ein Anleger für ein indexiertes Investment in das Anlagethema seiner Wahl entschieden, sollte im nächsten Schritt überlegt werden, welcher Index der richtige ist. In Kapitel 1 haben wir erfahren, dass es eine Vielzahl von Indexanbietern gibt, die für das gleiche Anlagethema unterschiedlich konstruierte Indizes berechnen. Soll es ein Blue-Chip-Index mit nur wenigen Titeln oder ein Gesamtmarktindex sein? Soll es ein Index sein, der die Titel aufgrund ihrer Marktkapitalisierung gewichtet oder nach einem alternativen Gewichtungsschema vorgeht? In jedem Fall sollte ein Investor darauf achten, dass ein Index ausreichend diversifiziert ist, d. h. Klumpenrisiken als Resultat einer zu hohen Konzentration weniger Wertpapiere vermeidet. Auf eine ausreichende Liquidität der Indexmitglieder sollte ebenfalls Wert gelegt werden, um die Handelskosten gering zu halten. Die Vielfalt des Angebots zeigt Tabelle 3.6 am Beispiel europäischer Aktien als Anlageuniversum.

Index	Eigenschaft	Gewichtungsschema
STOXX Europe 600	breiter Index	Marktkapitalisierung
STOXX Europe 50	Blue-Chip-Index	Marktkapitalisierung
STOXX Europe Large 200	Marktsegment	Marktkapitalisierung
STOXX Europe Mid 200	Marktsegment	Marktkapitalisierung
STOXX Europe Small 200	Marktsegment	Marktkapitalisierung
STOXX Europe Dividend Select 30	Dividendenstrategie	Marktkapitalisierung
STOXX Europe 600 Equal Weight	Smart Beta	Gleichgewichtung
iSTOXX Europe Minimum Variance	Smart Beta	Minimum-Varianz-Strategie
STOXX Europe 600 Sektorenindizes	Marktsegment	Marktkapitalisierung
MSCI Europe	breiter Index	Marktkapitalisierung
MSCI Europe ex EMU	ohne Eurozone	Marktkapitalisierung
MSCI Europe ex U.K.	ohne Großbritannien	Marktkapitalisierung

Index	Eigenschaft	Gewichtungsschema
MSCI Europe ex Switzerland	ohne Schweiz	Marktkapitalisierung
MSCI Europe Minimum Volatility	Smart Beta	minimierte Volatilität
MSCI Europe Growth	Marktsegment	Marktkapitalisierung
MSCI Europe Value	Marktsegment	Marktkapitalisierung
MSCI Europe Mid Cap	Marktsegment	Marktkapitalisierung
MSCI Europe Small Cap	Marktsegment	Marktkapitalisierung
MSCI Europe High Dividend	Dividendenstrategie	Marktkapitalisierung
MSCI Europe Sektorindizes	Marktsegment	Marktkapitalisierung
FTSE Developed Europe	breiter Index	Marktkapitalisierung
FTSE Developed Europe ex U.K.	ohne Großbritannien	Marktkapitalisierung
Dow Jones Europe Sustainability Screened	Nachhaltigkeit	Marktkapitalisierung
S&P Europe 350	breiter Index	Marktkapitalisierung
S&P Europe 350 Sharia	Nachhaltigkeit	Marktkapitalisierung
STOXX Europe Christian	Nachhaltigkeit	Marktkapitalisierung
FTSE RAFI Europe	Strategie	Fundamentalgewichtung
FTSE RAFI Developed Europe Mid-Small	Strategie	Fundamentalgewichtung
Smartix Euro iStoxx 50 Equal Risk	Smart Beta	Equal Risk

Tabelle 3.6: Auswahl an gesamteuropäischen Aktienindizes, die Basiswerte für ETFs darstellen.

3.3.2 ETF-Anbieter

Am europäischen ETF-Markt hat sich seit der Erstauflage von ETFs im Jahre 2000 eine Reihe von Anbietern fest etabliert. Anleger haben die Auswahl zwischen großen Gesellschaften, die ein breit gefächertes Angebot an ETFs auf unterschiedlichste Anlagethemen zur Verfügung stellen, können aber auch kleineren ETF-Boutiquen mit einem sehr spezialisierten und fokussierten Produktangebot den Vorzug geben. Durch die Größe und Dauer des bisherigen Marktauftrittes unterscheiden sich die Anbieter hinsichtlich des Bekanntheitsgrades der ETF-Marke stark voneinander. Hinter den ETF-Gesellschaften stehen sowohl reine Asset-Management-Dienstleister als auch Abteilungen innerhalb des Kapitalmarktgeschäftes von Investmentbanken. Die im deutschsprachigen Raum bekanntesten Häuser werden in diesem Abschnitt vorgestellt.

Der US-Vermögensverwalter BlackRock ist der weltweit größte Anbieter von ETFs unter der Marke iShares. iShares-ETFs weisen die längste Geschichte am Markt auf und waren vormals Teil von Barclays Global Investors. Durch konsequenten Ausbau der Produktpalette auf der irischen iShares-Plattform und die Übernahme des damals einzigen deutschen ETF-Anbieters Indexchange im Jahre 2007 war es möglich, die Marktführerschaft in Europa trotz zahlreicher Neueinsteiger als Wettbewerber stets zu behaupten. In den USA gilt ihre Vorrangstellung ohnehin als unbestritten. BlackRock ist im Jahre 2009 durch die Übernahme von Barclays Global Investors zum weltweit größten bankenunabhängigen Vermögensverwalter aufgestiegen und hat im Januar 2013 seine dominierende Stellung im europäischen ETF-Geschäft durch eine weitere Akquisition, das ETF-Geschäft von Credit Suisse, gefestigt. 2007 ist die Deutsche Bank AG unter der Marke db X-trackers in das ETF-Geschäft eingestiegen, hat innerhalb weniger Jahre mehr als 250 ETFs aufgelegt und die Position als Nummer zwei im europäischen Markt erobert, die Lyxor über viele Jahre besetzt hielt. Seit Ende 2012 bietet die Deutsche Bank neben Swap-basierten

ETFs auf einige Indizes physische Lösungen an, sodass Investoren die Auswahl über die beiden Replikationsmethoden bei einem einzigen Anbieter haben. Lyxor ist eine Tochtergesellschaft der Société Générale, und deren ETFs stellen ein integriertes Angebot der Investmentbank dar. Durch die lange Marktpräsenz ist die Marke fest bei den professionellen ETF-Anwendern verankert. ETFlab ist eine im Jahr 2008 gegründete Tochtergesellschaft der Dekabank und damit Bestandteil der Sparkassen-Finanzgruppe in Deutschland. Das umfassende Angebot an Aktien- und Anleihen-ETFs zielt insbesondere auf inländische Anleger ab. Ebenfalls im Jahre 2008 hat die Commerzbank AG erstmalig ETFs unter der Marke ComStage ETFs aufgelegt. Dabei ist das Geschäft sehr eng mit der Aktienderivateabteilung innerhalb der Kapitalmarktabteilung verzahnt. Amundi ETFs haben 2010 begonnen, ETFs zum Handel anzubieten. Die Bankpartner Crédit Agricole und Société Générale stehen als mögliche Swap-Partner hinter den Produkten. Die Marke wirbt insbesondere mit niedrigen Gesamtkostenquoten im Vergleich zu ihren Mitbewerbern. Die Schweizer Großbanken UBS und Credit Suisse bieten über ihre Asset-Management-Töchter ebenfalls jeweils eine umfangreiche ETF-Palette sowohl für den Schweizer als auch den europaweiten Vertrieb an. Dabei hat Credit Suisse Asset Management seine ETF-Sparte im Oktober 2012 zum Verkauf angeboten. Nachdem im Dezember 2012 bekannt wurde, dass sich der US-amerikanische Asset-Manager State Street Global Investors als Bieter zurückgezogen hat, war es keine Überraschung mehr, dass BlackRock diese Gelegenheit genutzt hat, sein Revier im europäischen ETF-Markt auszubauen und mögliche lästige Konkurrenten auf Abstand zu halten. Source ETFs hat seit seinem Start 2009 ein breites Angebot an ETFs und ETCs aufgelegt. Die Besonderheit der Gesellschaft liegt in der Struktur der Eigentümer, einem Konsortium von Investmentbanken bestehend aus Bank of America Merrill Lynch, Goldman Sachs, J. P. Morgan, Morgan Stanley und Nomura, die alle als mögliche Swap-Partner für die Produkte infrage kommen. State Street Global Investors bietet unter der Marke SPDR ETFs in den USA den größten ETF weltweit auf den S&P 500® Index an. In

Europa hat die Gesellschaft während der letzten Jahre ihr bisher über-
schaubares Produktangebot systematisch um die wesentlichen Anlagethemen erweitert. Ossiam, eine Tochtergesellschaft von Natixis Global Asset Management hat 2011 ihre ersten ETFs an europäischen
Börsenplätzen zum Handel eingeführt. Die in Paris beheimatete ETF-
Boutique hat sich auf die Abbildung von alternativ gewichteten Indizes spezialisiert und bietet derzeit Aktien-ETFs auf gleichgewichtete
und Minimum-Varianz-Indizes an. Invesco Powershares fällt in Europa lediglich durch die OGAW-konforme ETF-Variante auf den NAS-
DAQ-100-Index auf, deren US-Vorbild es unter dem Börsenkürzel
QQQQ zu einiger Bekanntheit gebracht hat. HSBC als eine der weltweit größten Bankengruppen bietet ebenfalls seit 2010 ETFs über ihre Asset-Management-Tochter an, die aber bisher im deutschsprachigen Raum weniger bekannt sind. Vanguard, der zweitgrößte Anbieter
auf dem US-Markt, hat 2012 als ersten Schritt der europäischen ETF-
Strategie einige ETFs zum Handel an der London Stock Exchange
eingeführt. Diese ETFs unterscheiden sich durch deutlich niedrigere
Gesamtkostenquoten von den Wettbewerbern. Vanguard sieht sich als
genossenschaftlich organisiertes Unternehmen verpflichtet, den Anlegern ihrer Produkte Investmentlösungen auf Kostenbasis anzubieten.
Die jüngste Neugründung einer ETF-Gesellschaft konnte mit dem
Start von Boost ETFs im Oktober 2012 beobachtet werden. Als Boutique hat sich die Gesellschaft auf die Auflage mehrfach gehebelter
Leverage- und Short-ETFs spezialisiert, während das bisherige Angebot diverser Anbieter nur zweifache Hebel beinhaltet. Die Entscheidung für diesen Produkttyp als Nische ist sicherlich auch durch den
Erfolg mehrfach gehebelter ETFs in den USA motiviert.

Der führende europäische Anbieter für ETCs ist ETFSecurities. Gold
spielt als Basiswert mit Abstand die bedeutendste Rolle beim verwalteten Vermögen. Die Schweizer Häuser Zürcher Kantonalbank (ZKB)
und Bank Julius Bär/Swiss & Global haben sich als erfolgreiche Anbieter von Gold-ETFs etabliert. Während durch die europäische Regulierung Goldprodukte rechtlich nur als gedeckte Inhaber-Schuld-

verschreibungen und nicht als Sondervermögen möglich sind, erlaubt das Schweizer Recht Fondsstatus für Anlagen in einen einzigen Rohstoff und ermöglicht dadurch die Auflage von Gold-ETFs. Tabelle 3.7 fasst die wichtigsten Merkmale der genannten Anbieter für ETPs zusammen.

ETP-Anbieter	Anzahl ETPs	AuM (Mio. €)	Marktanteil	Produktangebot
iShares	206	106.463	37,9 %	breit
db X-trackers	270	38.463	13,7 %	breit
Lyxor	171	29.689	10,6 %	breit
ETP Securities	279	18.455	6,6 %	Rohstoffe breit
Credit Suisse	58	13.384	4,8 %	Schwerpunkt Aktien
ZKB	4	12.175	4,3 %	Gold
UBS	266	11.869	4,2 %	breit
Source	92	10.087	3,6 %	Schwerpunkt Aktien
Amundi ETP	102	8.827	3,1 %	Schwerpunkt Aktien
Swiss & Global	20	5.181	1,8 %	Gold, Aktien aktiv
ComStage	97	4.947	1,8 %	Schwerpunkt Aktien
ETFlab	40	4.330	1,5%	breit
SPDR® ETFs	44	3.110	1,1%	breit
Andere, darunter: Ossiam Boost	286	13.843	4,9%	 Smart Beta leveraged und short
Gesamt	1.935	280.823	100 %	

Tabelle 3.7: Verwaltetes Vermögen, Anzahl der in Europa angebotenen ETPs und Art des Produktangebots (Quelle: ETFGI; Stand: 31.12.2012).

3.3.3 Abbildungsmethode

Seit dem Konkurs von Lehman Brothers im September 2008 hat die Finanzkrise bei Anlegern das Bewusstsein für mögliche Gegenparteirisiken in ETFs geschärft. Die Anmerkungen des Financial Stability Boards und die teilweise scharfen Verbalattacken der ETF-Anbieter untereinander haben zu einer Verschiebung der Anlegerpräferenz zugunsten der ETFs mit physischer Indexabbildung geführt. Professionellen Großanlegern kommt es noch relativ am wenigsten auf die Abbildungsmethode an. In dem Moment, in dem Vermögensverwalter Kundengelder treuhänderisch verwalten, ist eine Präferenz zugunsten der physischen ETFs zu beobachten, schon deshalb, um nicht in Erklärungsnot gegenüber dem Kunden zu geraten. Das Argument zieht sogar noch stärker, wenn Privatkunden explizit beraten werden, denn ein physischer ETF ist wesentlich einfacher und in wesentlich kürzerer Zeit zu erklären als ein Swap-basierter ETF, selbst wenn letzterer eine bessere Abbildungsqualität aufweisen sollte und eventuelle Ausfallrisiken ausreichend besichert sind.

Der Marktanteil für europäische synthetische ETFs lag 2009 und 2010 noch bei 45 Prozent, per Ende 2011 nur noch bei 38 Prozent[56] und beträgt bei Auflage des Buches rund 35 Prozent.

Abbildung 3.2 zeigt die historische Entwicklung der Marktanteile und der verwalteten Vermögen für physisch replizierende und synthetische ETFs.

---

[56] Johnson, Ben / Bioy, Hortense / Garcia-Zarate, Jose / Choy, Jackie / Gabriel, John / Rose, Gordon / Kellett, Alastair, *Synthetic ETFs under the microscope: a global study*, Morningstar Research, Mai 2012, S. 17.

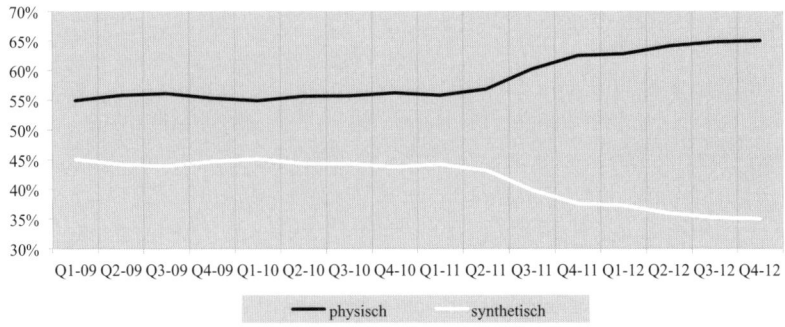

Abbildung 3.2: Entwicklung der Marktanteile für physisch replizierende und synthetische ETFs in Europa (Quelle: Morningstar; Stand: 31.12.2012).

Das Produktangebot der verschiedenen Anbieter unterscheidet sich stark hinsichtlich der Abbildungsmethodik (Tabelle 3.8).

ETF-Anbieter	Schwerpunkt
iShares	physische ETFs
db X-trackers	synthetische ETFs und ETCs
ETF Securities	ETCs und synthetische ETFs
Lyxor	synthetische ETFs
ETFlab	physische ETFs
ComStage	synthetische ETFs
Amundi ETFs	synthetische ETFs
UBS ETFs	physische und synthetische ETFs, ausgewogen
Credit Suisse ETFs	physische ETFs
Source ETFs	synthetische ETFs
SPDR® ETFs	physische ETFs
Ossiam	synthetische ETFs
Vanguard	physische ETFs
HSBC	physische ETFs

Tabelle 3.8: Schwerpunkt des Produktangebot von ausgewählten Anbietern nach Art der Replizierung; Einschätzung des Autors; Stand: 31.12.2012.

3.3.4 Fondsvolumen

Für institutionelle Anleger spielt das verwaltete Vermögen eines ETFs eine bedeutende Rolle im Auswahlprozess. In der Regel schaffen es ETFs nur auf die Auswahlliste eines Vermögensverwalters oder Dachfonds-Managers, wenn sie eine gewisse Mindestgröße beim verwalteten Vermögen überschreiten, wobei unterschiedliche Anlegertypen individuelle Schwellenwerte festlegen. Das Investmentgesetz schreibt für Dachfonds-Manager vor, dass sie nur 25 Prozent der Anteile eines anderen OGAW-Fonds in dem von ihnen verwalteten Sondervermögen halten dürfen. Interne Regelungen legen möglicherweise sogar niedrigere Grenzen fest. Will beispielsweise ein Dachfonds-Manager 20 Millionen Euro in einen ETF investieren, so kann er dies bei Einhaltung der gesetzlichen Vorgaben nur, wenn dessen verwaltetes Vermögen mindestens 80 Millionen Euro beträgt. Wenngleich diese Grenzen für Privatanleger nicht relevant sind, haben sie möglicherweise doch Vorteile bei ETFs mit großen Sondervermögen, denn die Größe eines ETFs lässt auch Rückschlüsse auf die Handelsaktivitäten und die Spanne der von Market Makern an der Börse verbindlich gestellten handelbaren An- und Verkaufspreise zu. Bei hohen Handelsaktivitäten großer ETFs sind Kostenvorteile bei der Ausführung des Kauf- bzw. Verkaufsauftrages zu erwarten. Für dauerhaft zu kleine ETFs besteht die Gefahr, dass sie mangels Vertriebserfolgen vom Anbieter aus Kostenüberlegungen geschlossen werden. Dieses Risiko sollte für ETFs, die mindestens 50 Millionen Euro verwalten, nicht bestehen. Die beiden folgenden Tabellen geben einen Überblick über die größten ETFs und ETCs in Europa. Gerade wegen der relativ starken Verfassung der deutschen Volkswirtschaft konnte der iShares DAX® (DE) während der letzten Jahre hohe Mittelzuflüsse verbuchen und ist mit 13,6 Milliarden Euro verwaltetem Vermögen der größte ETF in Europa.

ETF	AuM (Mio. €)
iShares DAX® (DE)	13.589
iShares S&P 500	8.031
db X-trackers DAX UCITS ETF	6.771
iShares MSCI Emerging Markets	5.511
iShares FTSE 100	4.382
iShares Euro Stoxx 50	4.325
ZKB Gold ETEF (CHF)	4.141
Lyxor ETF Euro Stoxx 50	4.073
iShares Euro Stoxx 50 (DE)	3.682
iShares MSCI World	3.668

Tabelle 3.9: Die zehn größten ETFs in Europa (Quelle: ETFGI; Stand: 31.12.2012).

ETC	AuM (Mio. €)
ETF Securities Physical Gold	6.464
GBS Bullion Securities	5.662
Physical Gold Source P-ETC	2.991
db Physical Gold Euro Hedged ETC	1.180
ETF Securities Physical Silver	602

Tabelle 3.10: Die fünf größten ETCs in Europa (Quelle: ETFGI; Stand: 31.12.2012).

3.3.5 Börsenhandel

Einer der wesentlichen Unterschiede von ETFs im Vergleich zu Investmentfonds liegt im Börsenhandel. ETFs können dadurch während der Handelszeit jederzeit so einfach wie eine einzelne Aktie gekauft oder verkauft werden, wenngleich die Wertentwicklung eines ETF sich auf alle der im abgebildeten Index enthaltenen Wertpapiere bezieht. In erster Linie achten Anleger auf die offensichtliche Liquidität von ETFs, die durch die Börsenumsätze statistisch messbar und aktuell durch die Geld-Brief-Spanne und die Tiefe des Orderbuches beobachtbar ist. Dadurch, dass ein ETF aber einen Korb von Wertpapieren repräsentiert, wird die tatsächliche Liquidität in der Regel deutlich höher sein, da diese durch die Liquidität der einzelnen Indexwertpapiere bestimmt wird. Durch den fachsprachlich sogenannten Creation-Redemption-Mechanismus wird jederzeit ein enger Preiszusammenhang zwischen ETF und den Indexbestandteilen garantiert, da sonst Arbitragegeschäfte stattfinden würden, die unmittelbar durch Preisabweichungen zwischen dem Wert des ETFs und den Indexmitgliedern zustande kommen würden. Kauft ein Anleger ETFs über die Börse, so entspricht der Ablauf dem Kauf einer Aktie, d.h. gegen entsprechende Bezahlung mittels einer Geldabbuchung vom Girokonto erhält er eine Lieferung der gekauften ETF-Anteile in sein Wertpapierdepot an dem für die jeweilige Börse üblichen Abrechnungstag, der in der Regel zwei bis drei Geschäftstage nach dem Abschlusstag liegt. Die Gegenpartei für das Geschäft bleibt dabei anonym, ist entweder einer von mehreren Market Makern oder ein anderer Investor, der eine Verkaufsorder zu einem Preis eingestellt hat, der mit dem gewünschten Kaufpreis übereinstimmt. In diesen beiden Fällen werden die ETFs aus dem Verkäuferdepot über die der Wertpapierbörse angeschlossene zentrale Wertpapier-Clearingstelle in das Depot des ETF-Käufers übertragen. Dabei spricht man von einem Sekundärmarktgeschäft. Hat der Market Maker die ETFs an den Käufer verkauft, ohne diese aktuell zu besitzen, muss er sich im Falle replizierender ETFs die entsprechende Stückzahl im Rahmen eines Primärmarktgeschäftes beim ETF-Anbieter gegen Lieferung einer entsprechenden Menge von Wertpapieren besorgen, die der vom ETF-Anbieter vorgegebenen Index-Zusammensetzung entsprechen. Um wiederum dieses Tauschgeschäft erfüllen zu können, muss der Market Maker diesen Wertpapierkorb am Kapitalmarkt über die Börse oder außerbörslich von einem anderen professionellen Marktteilnehmer erwerben. Dieser Vorgang wird Creation-Prozess genannt, denn dabei werden neue ETF-Anteile geschaffen. Abbildung 3.3 zeigt die Beziehung zwischen Market Maker und ETF-Anbieter. Durch Umkehrung der Pfeilrichtungen wäre eine Redemption gegeben, bei der ETF-Anteile »aufgelöst« werden. Den Verkauf von ETF-Anteilen durch den Anleger an den Market Maker kann man sich ebenfalls durch eine Änderung der Pfeilrichtung in der Grafik vorstellen. Während ETF-Aufträge von Privatanlegern über die Börse abgewickelt werden, haben institutionelle Großanleger wahlweise die Möglichkeit, ETFs außerbörslich direkt mit einem Market Maker in einem sogenannten OTC-Geschäft (over-the-counter) zu handeln.

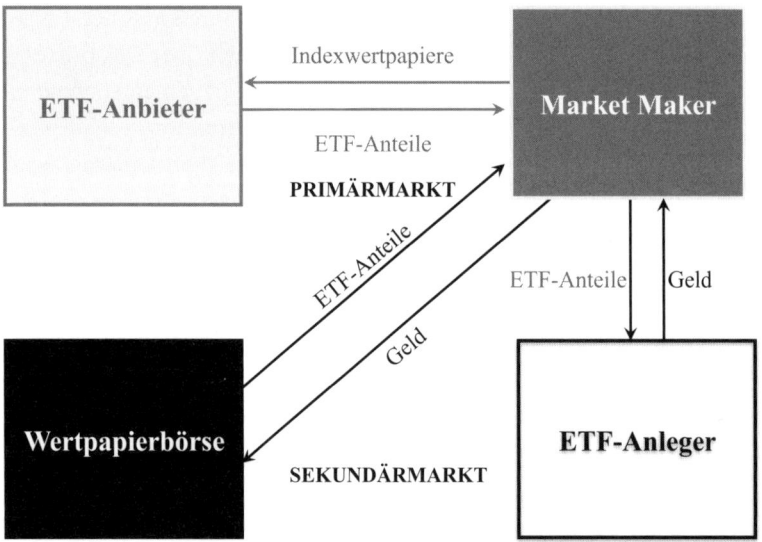

Abbildung 3.3: Schematische Darstellung des Primär- und Sekundärmarktes für ETFs beim physischen ETF.

Diese Variante ist für Investoren vorteilhaft, wenn die an der Börse gezeigte Liquidität gering ist, aber durch die Liquidität der Indexwertpapiere gewährleistet wird.

Handelt es sich um einen unfunded Swap-basierten ETF, wird der Market Maker dem ETF-Anbieter keine Indexwertpapiere im Austausch gegen ETF-Anteile liefern, sondern Geld zahlen und dafür vom ETF-Anbieter ETF-Anteile erhalten. Dieser wird wiederum den Gegenwert an Swap-Positionen und Wertpapieren, deren Performance im Rahmen des Total Return Swaps gegen die des Index getauscht wird, über den Swap-Partner anpassen.

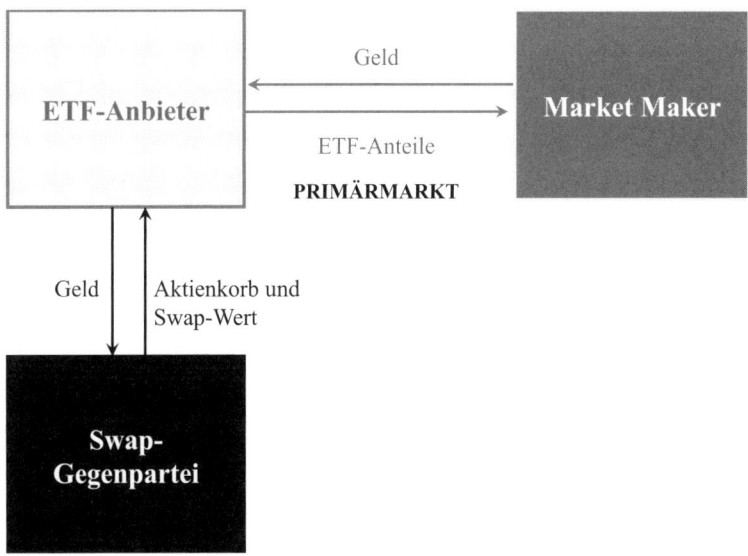

Abbildung 3.4: Schematische Darstellung des Primärmarktes beim unfunded Swap-basierten ETF.

Bei der Preisstellung für einen ETF wird der Market Maker zunächst die Geld- und Briefkurse der im Index enthaltenen Wertpapiere beachten. Diese Kurse bilden nach Berechnung des mit ihrem Anteil am

Index gewichteten Durchschnitts die Ober- oder Untergrenze für den Preis des ETFs. In der Regel notieren der Nettoinventarwert und der tatsächlich zu beobachtende Börsenkurs des ETFs unter normalen Marktbedingungen innerhalb dieser aus dem Referenzkorb ermittelten Werte. Für Abweichungen von dieser Grundregel über einen längeren Zeitraum können unter anderem Steuergesetze verantwortlich sein wie zum Beispiel die Stempelsteuer in Höhe von 0,5 Prozent im Falle von Aktien aus dem Vereinigten Königreich oder derzeit 2 Prozent im Falle brasilianischer Aktien. Mit zunehmender Komplexität kann die Preisunsicherheit der im ETF abgebildeten Wertpapiere zunehmen. Dies führt in der Regel zu einer breiteren Geld-Brief-Spanne des ETFs. Ein möglicher Grund dafür kann die niedrige Liquidität der zugrunde liegenden Wertpapiere sein, was insbesondere für manche Typen von Anleihen oder Aktien mit niedriger Marktkapitalisierung und/oder hohem Festbesitzanteil zutreffend ist. Der Handel exotischer Währungspaare im Falle von Emerging-Markets-Wertpapieren oder der Handel des ETF und der zugrunde liegenden Wertpapiere in unterschiedlichen Zeitzonen (Beispiel: ETFs auf den S&P 500® Index oder den Nikkei 225 Index) führen ebenfalls zu weiteren Spreads zwischen dem An- und Verkaufskurs eines ETFs. Idealerweise platziert der Anleger – falls möglich – seinen Kauf- oder Verkaufsauftrag für den ETF zu einer Tageszeit, zu der sich die Börsenhandelszeit des ETFs und die der abgebildeten Wertpapiere überlappen. Für ETFs auf den US-amerikanischen Aktienmarkt lohnt es sich deshalb, bis um 15:30 Uhr mit der Orderaufgabe zu warten.[57]

Zahlreiche ETFs werden von den Anbietern gleichzeitig zum Handel an verschiedenen europäischen Börsen angemeldet. Die bekanntesten Markplätze in Europa sind XETRA (Deutsche Börse), die London Stock Exchange, die Borsa Italiana in Mailand, NYSE Euronext (Paris und Amsterdam) und die SIX in Zürich. Die Börse Stuttgart bietet ETF-Handel speziell auf die Bedürfnisse der Privatanleger ausgerich-

---

[57] Vgl. iShares ETP Due Diligence, 2012, S. 32 ff.

tet an. Die wohl höchste Liquidität für ETFs lässt sich insgesamt auf XETRA, dem elektronischen Handelssegment der Deutschen Börse, beobachten. Natürlich können die Handelsvolumina einzelner ETFs sehr verschieden ausfallen und zugunsten einer Börse konzentriert sein. Hat sich ein Anleger für eine Anlage in ETFs entschieden, stellt die Wahl des Handelsplatzes vor dem Hintergrund stark unterschiedlicher Liquidität und Handelskosten eine wichtige Entscheidung dar. Nachfolgende Tabelle vergleicht die Umsätze in ETFs an den europäischen Börsen.

Börse	Umsatz (Mio. €)	Marktanteil
Deutsche Börse	128.324	30 %
London Stock Exchange	93.650	22 %
Borsa Italiana	52.992	12 %
NYSE Euronext Paris	59.174	14 %
NYSE Euronext Amsterdam	12.475	3 %
Swiss Exchange	56.557	13 %
Stockholmborsen	14.942	4 %
Andere	8.511	2 %
Summe	426.625	100 %

Tabelle 3.11: Handelsumsätze in ETFs an europäischen Börsen (Quelle: Deutsche Bank AG; Zeitraum: Jahr 2012).[58]

---

[58] Lan, Shan / Mercado, Sebastian / Levitt Sascha, in: Deutsche Bank 2012 ETF Review & 2013 Outlook, 11.01.2013, S. 88.

3.3.6 Total Expense Ratio (TER) und Total Cost of Ownership

Die Total Expense Ratio (TER) bzw. die Gesamtkostenquote beinhaltet die jährlichen Kosten, welche bei der Verwaltung eines ETFs entstehen. Bei OGAW-konformen Fonds mit europäischem Domizil umfasst die TER die Verwaltungsvergütung sowie diverse andere Kosten, die der Fondsgesellschaft entstehen: Aufwendungen für die Leistungen der Depotbank und Prüfungsgesellschaft sowie für die Rechtsberatung, Registrierung und Einhaltung aufsichtsrechtlicher Bestimmungen. Sie wird durch tagesaktuelle Abgrenzung vom Nettoinventarwert dem Sondervermögen des ETFs in Rechnung gestellt. Dabei stellt die jährliche Verwaltungsvergütung lediglich eine Komponente der TER dar. Die Höhe der TER hängt unter anderem von der Anlageklasse ab. In der Regel weisen Anleihen-ETFs eine niedrigere TER als Aktien- und Rohstoff-ETFs oder ETCs auf. Innerhalb der Anlageklasse Aktien steigt die TER mit zunehmender Exotik der Anlageregion oder des Anlagethemas des abgebildeten Aktienindex. ETFs auf hochliquide Indizes wie den DAX®, den S&P 500® oder den Euro Stoxx 50 weisen eine niedrigere TER aus als ETFs auf einen Index mit vielen Titeln wie z.B. den MSCI World Index oder den MSCI Emerging Markets Index. Innerhalb der Anlageklasse Anleihen sind ETFs auf Unternehmensanleihen oder Emerging-Markets-Anleihen teurer als ETFs auf Staatsanleihen entwickelter Länder. Die Abbildungsmethode hat tendenziell ebenfalls einen Einfluss auf die TER, wobei die Erwartungshaltung von günstigeren Konditionen für Swapbasierte ETFs ausgeht. Die Praxis zeigt aber auch hier ausreichend Gegenbeispiele, da letztendlich die Preispolitik des Anbieters die entscheidende Stellgröße ist. Die TER ist eine Kennzahl, die sich leicht in den Produktlisten und -übersichten auf den Anbieterwebseiten finden lässt. Ein Vergleich der TER unterschiedlicher ETFs auf den gleichen Index kann sich durchaus lohnen, was im Folgenden am Beispiel des S&P 500® Index aufgezeigt wird.

ETF-Anbieter	Abbildungsmethode	Ertrags-verwendung	Vermögen (Mio. €)	TER (p.a.)
iShares	optimiert replizierend	ausschüttend	8.015,9	0,40 %
Vanguard	voll replizierend	ausschüttend	54,6	0,09 %
SPDR®	voll replizierend	ausschüttend	157,0	0,15 %
db X-trackers	funded Swap	thesaurierend	433,9	0,20 %
Lyxor	unfunded Swap	ausschüttend	217,3	0,25 %
Amundi	unfunded Swap	thesaurierend	470,0	0,15 %
ComStage	unfunded Swap	thesaurierend	88,2	0,18 %
Source ETFs	unfunded Swap	thesaurierend	432,8	0,20 %
UBS	voll replizierend	ausschüttend	36,3	0,25 %
Credit Suisse	voll replizierend	thesaurierend	588,3	0,20 %
HSBC	voll replizierend	ausschüttend	549,7	0,09 %

Tabelle 3.12: ETFs auf den S&P 500® Index verschiedener Anbieter (Quelle: Deutsche Bank AG; Stand: 31.12.2012).[59]

Durch eine langjährige exklusive Indexlizenz hat iShares in einer monopolistischen Marktstruktur einen hohen Bestand an verwaltetem Vermögen aufbauen und sich trotz hoher Gebühren für den iShares S&P 500 langfristige Wettbewerbsvorteile sichern können. Nachdem viele ETF-Anbieter seit Mitte Mai 2010 sukzessive den S&P 500 Index in ihre ETF-Angebotspalette aufgenommen haben, hat der Anleger die Wahlmöglichkeit zwischen ETFs mit physischer Replikation und einer jährlichen TER, die zwischen 0,09 Prozent und 0,4 Prozent liegt, und synthetischen Varianten, die sich preislich im Mittelfeld befinden. Der Unterschied ist für einen so liquiden Index nicht durch Vorteile bei den Handelskosten durch dauerhaft niedrigere Geld-Brief-Spannen zu rechtfertigen, sodass der ETF-Anleger im Falle des

[59] Lan, Shan / Mercado, Sebastian / Levitt Sascha, in: Deutsche Bank 2012 ETF Review & 2013 Outlook, 11.01.2013, S. 53 f.

S&P 500 Index wohl am besten beraten ist, den ETF mit der niedrigsten Gesamtkostenquote auszuwählen.

Die Auswahl des ETFs mit der niedrigsten TER muss nicht wie im Falle des S&P 500 Index zwingend die günstigste Lösung für den Investor sein, da weitere Kostenkomponenten zu berücksichtigen sind. Bei physischen ETFs können an den Indexanpassungsterminen Handelskosten anfallen, und zwar durch den Verkauf von Wertpapieren, die den Index verlassen, und den Kauf von Wertpapieren, die neu in den Index aufgenommen werden, sowie durch die Anpassung der bisher und zukünftig enthaltenen Wertpapierpositionen auf die neue Indexgewichtung. Durch Wertpapierleihegeschäfte hat der Portfoliomanager die Möglichkeiten, Zusatzerträge zugunsten des Sondervermögens eines ETFs zu erwirtschaften. Diese können im Falle von Aktien in Abhängigkeit von der Region oder Dividendenrendite bzw. für bestimmte Anleihesegmente einen spürbaren Einfluss haben. Dieser Effekt wirkt sich positiv auf die Tracking-Differenz des ETFs aus und wird durch seine Performance messbar. Im Falle synthetischer ETFs stellen Swap-Gebühren eine zusätzliche Kostenquelle des ETFs dar. Vorteile zugunsten der Anleger können durch Weitergabe von Wertpapierleiheerträgen durch die (den) Swap-Partner an das Sondervermögen des ETFs entstehen. Im Falle von synthetischen ETFs, die Aktien im Sondervermögen des ETFs im Rahmen einer unfunded-Swap-Struktur halten, führt der ETF selbst in der Regel keine Wertpapierleihegeschäfte durch, da die potenziellen Erträge bereits auf Ebene der Investmentbank als Swap-Partner erwirtschaftet werden.

Der Börsenhandel verursacht durch die Geld-Brief-Spanne, die Provision für den Broker, eventuelle Wertpapiertransaktionssteuern und die Creation-Redemption-Gebühr indirekte Kosten für den ETF-Anleger. Die Creation-Redemption-Gebühr wird von der ETF-Gesellschaft dem Market Maker im Rahmen des Primärmarktgeschäftes in Rechnung gestellt und von diesem in seine Preisstellung einkalkuliert. Andererseits fallen durch diesen Mechanismus keine Transaktionskosten innerhalb des ETFs an, was neben der niedrigen TER einen deutlichen Vorteil gegenüber aktiv gemanagten Investmentfonds darstellt.

Die Zusammenfassung aller direkten und indirekten Kosten, die beim Handel und während der Investitionsphase anfallen, nennt man Total Cost of Ownership. Das Konzept soll ETF-Anleger dafür sensibilisieren, dass die TER allein nicht ausreicht, um die tatsächlichen während der gesamten Investitionsdauer anfallenden Kosten einer ETF-Anlage zu erfassen. Dabei gilt: Je exotischer oder weniger liquide die Anlageklasse oder innerhalb der Anlageklasse Aktien die Region oder das Anlagethema ist, desto geringer ist die Aussagekraft der TER als Indikation für die Gesamtkosten des Investments. Für hochliquide Indizes wie beispielsweise den DAX®, S&P 500 oder den Euro STOXX 50 sind die Unterschiede der indirekten Kosten, die nicht durch die TER abgedeckt werden, relativ gering, sodass in diesen Fällen eine Auswahl von ETFs auf den gleichen Index durch Vergleich der TER in der Regel zur wirtschaftlich richtigen Entscheidung führt.

Die durchschnittliche Total Expense Ratio der in Europa beheimateten ETFs ist generell attraktiv niedrig im Vergleich mit anderen Finanzprodukten. Für 2012 lassen sich in Abhängigkeit von der Anlageklasse folgende jährliche TERs für ETFs beobachten, wobei sich die Werte auf ETFs beziehen, die Standardindizes mit Marktkapitalisierung als Gewichtungskriterium abbilden (Tabelle 3.13). Strategie-ETFs, Smart-Beta-ETFs und ETFs, die eine Asset Allocation indexiert abbilden, weisen in der Regel höhere Gebühren aus.

TER	Aktien-ETFs	Anleihen-ETFs	Rohstoffindex-ETFs
einfacher Durchschnitt	0,43 %	0,19 %	0,46 %
volumensgewichteter Durchschnitt	0,39 %	0,22 %	0,54 %

Tabelle 3.13: Durchschnittliche TER von in Europa beheimateten ETFs (Quelle: Deutsche Bank AG; Stand: 31.12.2012).[60]

3.3.7 Abbildungsqualität

Die Qualität des Portfoliomanagements von ETFs liegt in der möglichst genauen Wiedergabe der Indexperformance durch den ETF. Ein geeignetes Maß dafür ist die sogenannte Tracking-Differenz, die die absolute Renditedifferenz zwischen ETF und Index für einen ausgewählten Zeitraum darstellt. Im Idealfall entspricht die ETF-Performance der Indexperformance abzüglich der anteiligen TER. In der Praxis überwiegen jedoch die Abweichungen von diesem Erwartungswert. Die Tracking-Differenz eignet sich für die langfristige Qualitätsanalyse des Portfoliomanagements von ETFs.

Für kurzfristig bzw. taktisch agierende ETF-Anleger ist ein anderes Maß zur Beurteilung der Abbildungsqualität relevant: der sogenannte Tracking Error. Dabei handelt es sich um ein statistisches Maß der Standardabweichung der Renditedifferenz zwischen dem ETF und des von ihm abgebildeten Index (ausgedrückt in Prozent) über einen bestimmten Beobachtungszeitraum und somit um ein Maß für die Abweichung der Wertentwicklung. In der Praxis hat sich die Berechnung auf Basis von Wochen- oder Monatsdaten bewährt, da im Falle von Tagesdaten tendenziell zu hohe Werte beobachtbar wären.

---

[60] Lan, Shan / Mercado, Sebastian / Levitt, Sascha, in: *European ETF and ETC Product Directory*, 22.01.2013, S. 11 f.

Ein niedriger Tracking Error steht für eine stetig genaue Wertentwicklung. Der Tracking Error ist umso höher, je größer die durchschnittliche Abweichung der Wertentwicklung von ETF und Index ist. Für ETFs liegt die Erwartungshaltung der Anleger in einem möglichst niedrigen Tracking Error (etwa 1 Prozent), während ein aktiver Manager eines Investmentfonds idealerweise bewusst Abweichungen von einer Benchmark in seiner Anlagestrategie umsetzt. Führt beispielsweise ein zu hoher Tracking Error eines ETFs dazu, dass dessen Wert in unterschiedlichen Zeitphasen über oder unter dem Sollwert liegt, so kann dies nachteilig für den Investor sein, der in der Phase der Überbewertung des ETFs kauft und dessen ETF-Verkauf in die Phase der Unterbewertung fällt. Dadurch würde der ETF eine niedrigere Rendite ausweisen als erwartet. Für Investoren stellt daher ein niedriger Tracking Error einen wichtigen Faktor zur Beurteilung der Verlässlichkeit und Kompetenz des ETF-Anbieters bei der Erreichung des Anlageziels eines ETFs dar: der möglich präzisen Abbildung der Indexperformance.

Wie kommt es dazu, dass in der Realität Werte für Tracking-Differenz und Tracking Error entstehen, die manchmal deutlich von den Erwartungswerten abweichen? Im Falle physischer ETFs haben wir in Kapitel 1 festgestellt, dass eine volle Replikation für Indizes mit einer überschaubaren Anzahl von Wertpapieren und Sampling im Falle einer hohen Titelanzahl marktüblich ist. Letztere Gruppe wird daher in der Regel höhere Tracking-Error-Werte ausweisen als ETFs, die den Index vollständig replizieren. Für die Tracking-Differenz sind bei ETFs mit Sampling als Abbildungsmethode ebenso höhere Werte zu erwarten. Durch die höhere Schwankung des ETF-Vermögens relativ zum Index kann sich dies sowohl zum Nachteil als auch zugunsten der Tracking-Differenz des ETFs auswirken, je nachdem wie stark die Wertentwicklung der vom Optimierungsmodell berechneten Teilauswahl an Indexwertpapieren von der Indexperformance abweicht. Durch das Sampling werden die Handelskosten für den ETF reduziert, da in der Regel weniger liquide Wertpapiere nicht ins Sondervermögen des ETFs aufgenommen werden. Dieser Vorteil wird damit durch Inkaufnahme eines erhöhten Tracking Errors im Vergleich zu einer vollständigen Indexreplikation erreicht. Für den Portfoliomanager des ETF-Anbieters stellt sich hier die Aufgabe, die richtige Balance zwischen den beiden Effekten zu finden.

Ausschüttende physische ETFs, die die Dividendenzahlungen im Sondervermögen bis zum nächsten Ausschüttungstermin als Bargeldbestand akkumulieren, würden im Falle steigender Kurse einen geringen Performancenachteil erleiden, da ein kleiner Teil des ETF-Vermögens nicht in Indexaktien investiert wäre. Daraus resultieren kleine Renditeeinbußen für den ETF-Investor. Umgekehrt würde dieser als Cash Drag bezeichnete Effekt bei fallenden Kursen die Wertverluste des ETFs gegenüber dem Index etwas schmälern. In den Verkaufsprospekten mancher ETFs ist der Einsatz von Terminkontrakten explizit erlaubt, um dieses Risiko auszuschließen. Durch den Kauf von Terminkontrakten auf den im ETF abgebildeten Index im Gegenwert des Bargeldbestandes partizipiert das Fondsvermögen in beiden Richtungen vollständig an der Indexperformance.

Synthetische ETFs weisen in der Regel niedrige Tracking-Error-Werte aus, da die Performance vertraglich geregelt vom Swap-Partner geliefert wird. Abweichungen, die sich auf Ebene des Swap-Partners beim Abschluss von Gegengeschäften zur Erfüllung der Pflichten aus dem Swap-Vertrag ergeben, haben keinen Einfluss auf ETF-Ebene.

Konstante Zusatzerträge durch Wertpapierleihe oder eventuelle Kostenbelastungen wirken sich auf die Tracking-Differenz aus, aber nicht auf die Berechnung des Tracking Errors.

Für ETF-Investoren stellen die beiden vorgestellten Kennzahlen wichtige Kriterien bei der Auswahl von ETFs dar, wobei langfristig orientierte Buy-and-Hold-Investoren der Tracking-Differenz eine höhere Beachtung schenken sollten. Anleger, für die die kurzfristige Renditeerzielung im Vordergrund steht, sollten auf einen möglichst niedrigen Tracking Error des ETFs Wert legen.

Morningstar hat in einer Studie die Auswirkungen der Abbildungsmethode auf den Tracking Error untersucht. Für den MSCI World Index ergibt sich folgendes Bild: Während die synthetischen ETFs einen
deutlich niedrigeren Tracking Error aufweisen, ergeben sich Vorteile
bei der Tracking-Differenz zugunsten der physisch optimierten ETFs.

MSCI-World-ETF	Abbildungs-methode	Wöchentlicher Tracking Error	TER	Tracking-Differenz
Amundi ETF MSCI World–USD	synthetisch	0,03 %	0,38%	–0,31 %
ComStage ETF MSCI World	synthetisch	0,02 %	0,40%	–0,22 %
CS ETF (IE) on MSCI World	physisch/ optimiert	0,13 %	0,40%	–0,19 %
db x-trackers MSCI World TRN UCITS ETF	synthetisch	0,02 %	0,45%	–0,19 %
HSBC MSCI World ETF	physisch/ optimiert	0,38 %	0,35%	–0,03 %
iShares MSCI World (Acc)	physisch/ optimiert	0,24 %	0,50%	–0,36 %
Lyxor ETF MSCI World B	synthetisch	0,03 %	0,45%	–0,28 %
Source MSCI World ETF	synthetisch	0,01 %	0,45%	–0,48 %
UBS-ETF MSCI World A	physisch/ optimiert	0,08 %	0,45%	–0,27 %
Durchschnitt MSCI-World-ETF		0,10 %	0,43%	–0,26 %
Durchschnitt	physisch/ optimiert	0,21 %	0,43%	–0,21 %
Durchschnitt	synthetisch	0,02 %	0,43%	–0,30 %

Tabelle 3.14: Tracking Error, TER und Tracking-Differenz für MSCI-World-
ETFs im Vergleich (Quelle: Morningstar; Berechnungszeitraum: 01.02.2011 bis
28.09.2012).[61]

---

[61] Johnson, Ben / Bioy, Hortense / Kellett, Alastair / Davidson, Lee, *On the right Track: Measuring Tracking Efficiency in ETFs*, Morningstar Research, Februar 2013, S. 12 u. 19.

Für andere ausgewählte Märkte ergeben sich folgende Durchschnittswerte:

	Abbildungsmethode	Wöchentlicher Tracking Error	TER	Tracking-Differenz
Durchschnitt DAX-ETFs		**0,04 %**	**0,15 %**	**−0,23 %**
Durchschnitt	physisch/voll replizierend	0,04%	0,15 %	−0,17 %
Durchschnitt	synthetisch	0,04 %	0,15 %	−0,27 %
Durchschnitt S&P-500-ETFs		**0,04 %**	**0,19 %**	**0,02 %**
Durchschnitt	physisch/optimiert und voll replizierend	0,04 %	0,23 %	0,11 %
Durchschnitt	synthetisch	0,04 %	0,18 %	−0,02 %
Durchschnitt Euro-Stoxx-50-ETFs		**0,21 %**	**0,19 %**	**0,47 %**
Durchschnitt	physisch/voll replizierend	0,27 %	0,23 %	0,55 %
Durchschnitt	synthetisch	0,14 %	0,13 %	0,36 %
Durchschnitt MSCI-Emerging-Markets-ETFs		**0,57 %**	**0,59 %**	**−0,95 %**
Durchschnitt	physisch/optimiert	1,18 %	0,71 %	−1,03 %
Durchschnitt	synthetisch	0,21 %	0,52 %	−0,91 %

Tabelle 3.15: Tracking Error, TER und Tracking-Differenz für ETFs auf ausgewählte Indizes im Vergleich (Quelle: Morningstar; Berechnungszeitraum: 01.02.2011 bis 28.09.2012).[62]

---

[62] Johnson, Ben / Bioy, Hortense / Kellett, Alastair / Davidson, Lee, *On the right Track: Measuring Tracking Efficiency in ETFs*, Morningstar Research, Februar 2013, S. 11 ff.

3.3.8 Steuertransparenz

Für ETF-Anleger ist es wichtig, ausschließlich in ETFs zu investieren, die in ihrem Heimatland als steuertransparent ausgewiesen werden. Die in Europa beheimateten ETFs dürften diese Voraussetzung normalerweise erfüllen. Zur Überprüfung bietet sich ein kurzer Besuch auf der Anbieterwebseite oder ein Blick auf die Produktlisten der ETF-Häuser an. Wenngleich der US-amerikanische ETF-Markt aufgrund seiner Reife im Vergleich zum europäischen Markt oftmals ETFs auf den gleichen Index mit niedrigeren TER sowie engerer Geld-Brief-Spanne an der Börse und einer daraus resultierenden niedrigeren Total Cost of Ownership bietet, sind die in den USA beheimateten ETFs nicht zum Erwerb für deutsche Anleger geeignet, da sie als steuerlich intransparent eingestuft werden. Auf diese Thematik und deren Folgen wird in Kapitel 4.5 ausführlicher eingegangen.

3.3.9 Ertragsverwendung

Die Vielfalt des europäischen ETF-Angebots lässt sich auch anhand des Kriteriums Ertragsverwendung beobachten. Die wenigen ETFs, die die Wertentwicklung von Performanceindizes abbilden, reinvestieren analog zum Indexkonzept automatisch die Dividenden und sind dadurch thesaurierend. Der prominenteste Vertreter dieser Kategorie ist der iShares DAX® (DE). Die meisten Aktienindizes sind Kursindizes, deren genaue Abbildung die Ausschüttung der angefallenen Dividenden bedingt. Viele ETFs schütten die aufgelaufenen Erträge häufiger als einmal jährlich aus, im Extremfall sogar monatlich, um die in Abschnitt 3.3.7 dargelegten Auswirkungen des Cash Drags zu reduzieren. Inzwischen bieten die Indexanbieter für ihre Indizes in der Regel sowohl ausschüttende als auch wiederanlegende Varianten an, sodass durch die Vielzahl der ETF-Anbieter oft beide ETF-Varianten für den gleichen Index zur Verfügung stehen.

Für ETFs auf den S&P 500® Index geht dies beispielhaft aus Tabelle 3.12 hervor.

Es hängt in erster Linie von den persönlichen Anlagebedürfnissen ab, welche der beiden Varianten jeweils vorteilhafter ist. Im Falle des Privatanlegers, der seinen Lebensunterhalt wesentlich oder vollständig aus Kapitalerträgen bestreitet, sind ETFs, die durch Ausschüttungen ein regelmäßiges Einkommen für den Anleger generieren, offensichtlich die bessere Wahl. Stiftungen haben ebenfalls eine natürliche Präferenz für ausschüttende Kapitalanlagen, da die Ausgaben für den Stiftungszweck aus ordentlichen Erträgen wie Zinsen und Dividenden zu erwirtschaften sind. Thesaurierende ETFs sind dadurch nur eingeschränkt für deren Kapitalanlage geeignet.

Für jüngere Anleger, die sich in der Aufbauphase ihres liquiden Geldvermögens befinden, können thesaurierende ETFs attraktiver sein, da sie sich nicht um die Wiederanlage von Ausschüttungen kümmern müssen.

Im Falle von thesaurierenden nicht in Deutschland aufgelegten ETFs entsteht zwar kein steuerlicher Nachteil, jedoch ein erhöhter Zeitaufwand durch die Pflicht des Anlegers, die Abgeltungsteuer im Rahmen der Veranlagung durch Angabe in der Steuererklärung zu ermitteln. Eine ausführliche Behandlung dieses Aspektes erfolgt in Kapitel 4.

3.3.10 Systematisierung der ETP-Auswahl

Die folgende Übersicht dient als Checkliste: In ihr werden die Auswahlkriterien für ETFs systematisch dargestellt.

Schritt 1	**Auswahlkriterien für ETP-Anbieter:**
	▪ Größe des Anbieters (verwaltetes Vermögen, Anzahl Produkte)
	▪ Art des Anbieters (Asset-Manager oder Bank)
	▪ Fokussierung des Anbieters (ETFs als Kerngeschäft oder Zusatzangebot)
	▪ Listing an den für den Anleger relevanten Börsen
	▪ Kundenservice (Internetauftritt, Informationspolitik, Hotline, Marketingunterlagen, Qualität und Zeitnähe der Antworten bei Anfragen)
Schritt 2	**Mögliche K.-o.-Kriterien oder Mindestanforderungen:**
	▪ Steuertransparenz
	▪ Sitz der Fondsgesellschaft
	▪ Qualität der Depotbank
	▪ Zulassung zum öffentlichen Vertrieb
	▪ OGAW-Konformität
	▪ Ertragsverwendung
	▪ Höhe des Sondervermögens
Schritt 3	**Beurteilung der Abbildungsmethode:**

	physisch	**synthetisch**
	▪ vollständig oder optimiert replizierend	▪ Anzahl der Swap-Partner
	▪ Umfang der Wertpapierleihegeschäfte	▪ Rating der Swap-Partner
	▪ Qualität der Sicherheiten bei Wertpapierleihegeschäften	▪ Abhängigkeit der Swap-Partner vom ETF-Anbieter
	▪ Übereinstimmung des Sondervermögens mit Indexzusammensetzung	▪ falls nur ein Swap-Partner: Anzahl der Market Maker
		▪ Höhe des Swap-Spreads
		▪ Regeln für Barausgleich des Swaps
		▪ maximaler Swap-Wert

Schritt 3	Beurteilung der Abbildungsmethode:	
	physisch	**synthetisch**
	• Anteil der Zusatzerträge aus Wertpapierleihegeschäften zugunsten des Sondervermögens	• Qualität der Wertpapiere im Sondervermögen (bei unfunded Swap)
		• Qualität der Sicherheiten (bei fully funded Swap)
		• Regeln für mögliche Übersicherung
		• Zugriff auf Wertpapiere im Falle des Ausfalls der Gegenpartei
		• Umfang der Wertpapierleihegeschäfte
		• mögliche Zusatzerträge aus Swap
	ETCs	**ETNs**
	• Rating der Emittentin	• Rating der Emittentin
	• physische Hinterlegung des Rohstoffes	• Art der Emittentin (Bank oder Zweckgesellschaft)
	• Unabhängigkeit der Verwahrung von Rohstoffen	• Besicherung der Emission (Qualität, Umfang und Unabhängigkeit der Verwahrung)
	• Besicherung des ETCs durch Wertpapiere	• Trennung von Vermögenswerten im Falle unterschiedlicher Notes derselben Emittentin
Schritt 4	**Abbildungsqualität:**	
	• Transparenz und Höhe der Tracking-Differenz	
	• Transparenz und Höhe des Tracking Errors	
	• ausreichende ETF-Preishistorie	
	• Datenqualität	

Schritt 5	Total Cost of Ownership:
	• Höhe der TER (Total Expense Ratio)
	• eventuelle Abweichung der TER von der Verwaltungsgebühr
	• Höhe der Zusatzerträge (z. B. aus Wertpapierleihegeschäften oder die Rendite erhöhenden Derivatgeschäften in physischen ETFs)
	• Höhe der Erträge oder Kosten beim Rebalancing
	• Höhe des Swap-Spreads
	• Höhe der Zusatzerträge aus Swap
	• Transparenz der Kosten
	• durchschnittliche Geld-Brief-Spanne an der Börse
	• Creation-Redemption-Fees (bei außerbörslichen Geschäften)
	zusätzliche Kriterien:
	• Sekundärmarktliquidität
	• Anzahl der Market Maker
	• Handel zum Nettoinventarwert

Tabelle 3.16: Systematische Darstellung der ETP-Auswahlkriterien.

3.3.11 Produktspezifische Informationsquellen

Seit dem 1. Juli 2011 müssen Wertpapierberatungen mit Produktin-formationsblättern durchgeführt werden. Für ETFs ist dies das soge-nannte »Key Investor Information Document« (KIID), das auf maxi-mal zwei Seiten und in verständlicher Sprache dem Anleger Chancen und Risiken des ETFs erklären und für Vergleichbarkeit unterschied-licher ETFs sorgen soll. Der ETF-Anbieter ist für die Erstellung und die mindestens einmal jährliche Überarbeitung verantwortlich. Die Regelung stammt aus der EU-weit gültigen sogenannten OGAW-IV-Richtlinie, für deren Umsetzung entsprechende Verordnungen in den Mitgliedsstaaten erlassen wurden. Die ETF-Anbieter stellen dieses Dokument zum Download auf ihren Webseiten zur Verfügung. Der

Inhalt umfasst im Wesentlichen die Ziele und Anlagepolitik, das Risiko- und Ertragsprofil, die Kosten sowie die frühere Wertentwicklung des ETFs.

Der Verkaufsprospekt eines ETFs stellt das umfassendste Dokument dar. Er wird im Rahmen der Produktzulassung bei der Finanzaufsichtsbehörde eingereicht und von dieser genehmigt. Die sehr ausführlich gehaltenen Inhalte sehen Informationen über die Verwaltungsgesellschaft, die Depotbank, die Lizenzgeber, die Anlagegrundsätze und das Anlageziel des Sondervermögens sowie eventuelle Anteilsklassen vor. Ebenso werden die Anlageinstrumente im Einzelnen, die Aussteller- und Anlagegrenzen und Hinweise auf alle denkbaren Risikoquellen erläutert. Die allgemeinen und besonderen Vertragsbedingungen für das individuelle Sondervermögen des ETFs ergänzen die genannten Inhalte.

Im Jahres- und Halbjahresbericht eines ETFs wird stichtagsbezogen das Inventar des Sondervermögens detailliert aufgeführt, d. h. alle Wertpapier- und Bargeldpositionen sowie der aktuelle Wert für eventuell bestehende Derivategeschäfte. Die Wertenwicklung des Sondervermögens beinhaltet Aussagen über ordentlich erwirtschaftete Erträge, realisierte und unrealisierte Gewinne bzw. Verluste sowie eventuelle Zwischenausschüttungen während des Geschäftsjahres. Die Berechnung der Ausschüttung bezogen auf einen Anteilsschein sowie die Darlegung der Besteuerungsgrundlagen sind ebenfalls Gegenstand dieses Dokuments.

Die Veröffentlichung eines ETF-Factsheets hat sich als Branchenstandard bei den ETF-Anbietern etabliert. Inhaltlich handelt es sich dabei um die Zusammenfassung der wichtigsten Produktkennzahlen wie z.B. Auflageland, Fondsgesellschaft, Depotbank, Informationen zum abgebildeten Index, Gebühren, Geschäftsjahresende, Wertpapierkennnummern und Börsenkürzel, Replikationsmethode und aktuell verwaltetes Vermögen des ETFs. Die Wertentwicklung des ETFs bezogen auf unterschiedliche Zeiträume, die Sektor- und Länderaufteilung der im Sondervermögen enthaltenen Wertpapiere sowie die explizite Auflistung der größten Wertpapierpositionen sind fester Informationsbestandteil. iShares hat als erster Anbieter tagesgenaue Factsheets zum Download angeboten. Häufiger findet man in der ETF-Branche eine monatliche Aktualisierung der relevanten Daten.

3.4 ETFs in Privatkundendepots

Der Einsatz von ETFs in Privatkundendepots findet bisher oftmals dann statt, wenn ein vermögender Privatkunde eine Bank oder einen unabhängigen Vermögensverwalter mit der Verwaltung seines liquiden Vermögens beauftragt hat. Diese Anlageprofis sind durchaus bereit, ETFs und andere ETPs als Vermögensbausteine in ihren Kundendepots einzusetzen, da sie eine vereinbarte Verwaltungsgebühr dem Kunden in Rechnung stellen und häufig auf Provisionen aus Finanzprodukten verzichten oder diese ihren Kunden gutschreiben. Der Mehrwert der ETFs wird in diesem Fall nicht aufgrund fehlender Provisionszahlungen infrage gestellt. Selbstverständlich haben auch finanzaffine Privatanleger, die ihre Kapitalanlagen eigenständig und ohne Hilfe eines Anlageberaters durchführen, ETFs und ETCs als attraktive Anlageform für sich entdeckt. Die Unternehmensberatung MC4MS hat in Kooperation mit dem Lehrstuhl für Bankbetriebslehre der Universität Mainz und dem Magazin *Börse Online* eine Studie über das Anlageverhalten von Privatanlegern bezüglich ETFs erstellt. Die Motivation für den Einsatz von ETFs liegt bei dieser Anlagegruppe in der niedrigen jährlichen TER, den niedrigen Handelskosten bei Online-Brokern und Direktbanken (insbesondere während Rabattaktionen für ETF-Geschäfte) sowie in dem inzwischen breiten Angebot an Anlagethemen, die indexiert abgebildet werden. Dennoch besitzt innerhalb dieser sehr gut informierten Anlegergruppe ein Teil noch keine Erfahrung mit dem Handel von ETFs. Knapp die Hälfte der Befragten gab an, ETFs zu kennen, aber sich noch nicht inhaltlich damit beschäftigt zu haben. 29 Prozent kennen ETFs noch nicht, 16 Prozent stehen dem Produkttyp kritisch gegenüber. Für die ETF-Anbieter sollte dies ein Ansporn sein, generell die Aufklärung bei Privatanlegern über die Vorteile von ETFs zu intensivieren. Die Bekanntheit der Anbieter liegt bei selbstentscheidenden Privatanlegern, die bereits in ETFs investiert haben, bei über 50 Prozent. Unter den Beobachtern genießen die deutschen Marken db X-trackers und ComStage den höchsten Bekanntheitsgrad. 32 Prozent der befragten Anleger gaben an, dass das Anlagevehikel ETF bekannter gemacht werden sollte, und 18 Prozent fordern dies für die Bekanntheit und das Standing der ETF-Anbieter. Eine interessante Feststellung ist, dass nur 16 Prozent der Privatanleger mit einem hohen Anlegerwissen die Empfehlungsquote durch Anlageberater bei Banken und Sparkassen als zu gering einschätzen.[63] Im Falle von Anlegern mit geringem Finanzwissen würde der Autor jedoch höhere Werte erwarten.

3.5 Einmalanlage in ETFs

Während Investmentfondsanteile einmal täglich zum Nettoinventarwert gekauft oder verkauft werden können, hat der ETF-Anleger fortlaufend während der gesamten Börsenhandelszeit (im Falle von XETRA, dem elektronischen Handelssegment der Deutsche Börse AG, von 9 bis 17.30 Uhr und an der Börse Stuttgart seit 1. März 2013 von 8 bis 22 Uhr) die Möglichkeit, seine Aufträge zu platzieren. Der Auftrag zum Kauf oder Verkauf eines ETFs erfolgt durch eine Wertpapierorder, für die die ausführende Bank eine Provision und die Börse, an die der Auftrag weitergeleitet wird, eine geringe Transaktionsgebühr erheben. An manchen Handelsplätzen wie zum Beispiel dem Parketthandel an der Frankfurter Wertpapierbörse fällt eine geringe Maklercourtage an. Ein hoher Ausgabeaufschlag wie im Falle von aktiv gemanagten Investmentfonds entfällt vollständig.

---

[63] Ahlers, Marc, in Verlagsbeilage *Exchange Traded Funds (ETF)* der *Frankfurter Allgemeinen Zeitung*, 31.10.2012.

Welche Besonderheiten bringt der Börsenhandel mit sich, und was sollte der Anleger dabei beachten? Die folgenden Ausführungen beziehen sich auf das Marktmodell fortlaufende Auktion auf XETRA. Grundsätzlich unterscheidet man bei einer Wertpapierorder zwischen unlimitierten und limitierten Aufträgen. Im ersten Fall, auch als Market Order bezeichnet, ist der Anleger bereit, zum nächsten ermittelten Kurs zu handeln. Dabei kann er beim iShares DAX® (DE), dem größten und liquidesten ETF in Europa, oder anderen ETFs mit hoher Börsenliquidität risikolos unlimitierte Orders einstellen. Es gibt ausreichend Market Maker, die ständig für ausreichende Handelsvolumina verbindliche Preise stellen, und in der Regel ein gut gefülltes Orderbuch. Bei weniger liquiden ETFs bzw. Indizes akzeptiert er dabei das Risiko, im Falle einer breiten Geld-Brief-Spanne möglicherweise zu einem zu hohen Kurs zu kaufen oder bei einem zu niedrigen Kursniveau zu verkaufen. Dieses Risiko steigt, je weniger liquide der ETF an der jeweiligen Börse ist und je exotischer der abgebildete Index ist, und kann in turbulenten Börsenphasen signifikante monetäre Nachteile nach sich ziehen. Eine Market Order kann auch zu mehreren Teilausführungen zu unterschiedlichen Kursen führen. Dies könnte durch den Orderzusatz »Kill or Fill«, der nur eine vollständige Orderausführung zum identischen Kurs zulässt, vermieden werden. Dieser Orderzusatz wird ebenso wie der Zusatz »Immediate or Cancel«, der eine unmittelbare Ausführung erfordern würde, von dem betrachteten Marktmodell nicht unterstützt.

Bei einer limitierten Wertpapierorder (Limit Order) gibt der Anleger an, welchen maximalen Kaufpreis oder minimalen Verkaufspreis er für den ausgewählten ETF bereit ist zu akzeptieren.

Für beide Ordertypen (Market und Limit Order) kann der Anleger den Gültigkeitszeitraum für das Limit festlegen: GTC (good till cancelled) bedeutet bis auf Widerruf, GFD (good for day) steht für Tagesgültigkeit, Ultimo bedeutet bis Ende des laufenden Monats. Alternativ kann der Anleger durch den Zusatz GTD (good till date) ein individuelles Ablaufdatum festlegen, das maximal 360 Tage in der Zukunft

liegen darf. Bei Preisgleichheit entscheidet die Reihenfolge der Einga-
bezeitpunkte über die Priorität bei der Orderausführung. Zusätzlich
besteht die Möglichkeit, für die Order festzulegen, ob sie für die Fortlaufende Auktion oder ausschließlich für eine der möglichen Auktionen zur Handelseröffnung oder zum Handelsschluss bestimmt ist.

»Zur Unterstützung von Handelsstrategien stehen zwei verschiedene
Arten von Stop Orders zur Verfügung, die bei Erreichen eines zuvor
festgelegten Limits (›Stop-Limit‹) ausgeführt werden. Im Gegensatz
zu anderen bestehenden Xetra-Handelsmodellen werden Stop Orders
nicht auf Basis einer Preisfeststellung, sondern auf Basis des Spezi-
alisten-/Market-Maker-Quotes ausgelöst. Eine ›Stop-Market Order‹
wird bei Erreichen des Stop-Limits (bzw. bei Überschreitung im Falle von Stop-Buy Orders oder bei Unterschreitung im Falle von Stop-
Loss Orders) automatisch als Market Order in das Orderbuch eingestellt und gegebenenfalls unverzüglich ausgeführt. Eine ›Stop-Limit
Order‹ wird bei Erreichen des Stop-Limits (bzw. bei Überschreitung
im Falle von Stop-Buy Orders oder bei Unterschreitung im Falle von
Stop-Loss Orders) automatisch als Limit Order das Orderbuch eingestellt und gegebenenfalls unverzüglich ausgeführt. Eine Stop-Loss Order wird ausgelöst, wenn das Geldlimit des Spezialisten-/Market-Ma-
ker-Quotes gleich dem Stop-Limit ist oder dieses unterschreitet. Eine
Stop-Buy Order wird ausgelöst, wenn das Brieflimit des Spezialisten-/
Market-Maker-Quotes gleich dem Stop-Limit ist oder dieses überschreitet. Das Auslösen einer Stop Order führt immer zu einem neu-
en Zeitstempel für diese Order. Die aus einer ausgelösten Stop-Market
Order oder Stop-Limit Order resultierenden Market oder Limit Orders werden in der nächsten Preisfeststellung berücksichtigt und gegebenenfalls unverzüglich ausgeführt.«[64]

Etwas exotischer sind die beiden folgenden innovativen Ordertypen,
die ebenfalls vom XETRA-Marktmodell angeboten werden: »Eine

---

[64] XETRA Release 13.0, *Marktmodell Fortlaufende Aktion*, Deutsche Börse AG, Oktober 2012, S. 10.

›Trailing-Stop Order‹ entspricht einer Stop-Market Order mit dynamischem Stop-Limit. Als dynamisches Stop-Limit kann ein Stop-Limit und/oder ein absoluter oder prozentualer Abstand zur Referenz eingegeben werden. Das Handelssystem überprüft das dynamische Stop-Limit ab dem Zeitpunkt der Ordereinstellung in das Orderbuch fortlaufend gegen die Referenz. Wie für Stop Orders ist auch für Trailing-Stop Orders in der Fortlaufenden Auktion die Referenz der Spezialisten-/Market-Maker-Quote. Steigt bei einer Verkaufsorder mit Trailing-Stop die Referenz, passt das Handelssystem das dynamische Stop-Limit gemäß der Vorgabe an. Fällt die Referenz, bleibt das dynamische Stop-Limit unverändert. Erreicht oder unterschreitet die Referenz das dynamische Stop-Limit, wird die Trailing-Stop Order ausgelöst. Fällt bei einer Kauforder mit Trailing-Stop die Referenz, passt das Handelssystem das dynamische Stop-Limit gemäß der Vorgabe an. Steigt die Referenz, bleibt das dynamische Stop-Limit unverändert. Erreicht oder überschreitet die Referenz das dynamische Stop-Limit, wird die Trailing-Stop Order ausgelöst. Eine ›One-cancels-other Order‹ ist die Kombination aus einer Limit-Order und einer Stop-Order mit der Maßgabe, dass diejenige Order ausgeführt wird, deren Limit oder Stop-Limit zuerst erreicht wird; die nicht berücksichtigte Order wird zum Zeitpunkt der Ausführung gelöscht. Im Falle einer Teilausführung der Limit-Order verbleibt die Limit-Order mit dem nicht ausgeführten Volumen im Orderbuch, und das Volumen der Stop-Order wird entsprechend angepasst. Im Falle einer Teilausführung einer aus der ausgelösten Stop Order resultierenden Market Order oder Limit Order verbleibt diese Order mit dem nicht ausgeführten Volumen im Orderbuch.«[65]

Der Privatanleger hat beim Onlinehandel die Möglichkeit, die vorgestellten Parameter bei der Eingabe seiner Wertpapierorder festzulegen oder seine diesbezüglichen Wünsche im Gespräch mit seinem Anlageberater zu äußern.

---

[65] XETRA Release 13.0, *Marktmodell Fortlaufende Aktion*, Deutsche Börse AG, Oktober 2012, S. 10 f.

Es empfiehlt sich, die Angebote der Direktbanken und Online-Broker für den ETF-Handel zu vergleichen und bei diesen nach zeitlich begrenzten Aktionen zu suchen, während deren Gültigkeitsdauer Kaufaufträge und gegebenenfalls auch Verkaufsaufträge gebührenfrei gestellt werden oder zumindest teilweise von den an der Aktion teilnehmenden ETF-Häusern subventioniert werden.

3.6 ETF-Sparpläne

ETF-Sparpläne haben sich als attraktive Möglichkeit zum Vermögensaufbau etabliert und werden von den bekannten Direktbanken und Online-Brokern angeboten. Der vom *EXtra-Magazin* im Sommer 2012 durchgeführte Sparplan-Test fasst zusammen: »ETF-Sparpläne liegen voll im Trend. Und kaum eine Direktbank kann auf das lukrative Geschäft verzichten. Waren es 2011 noch sechs Anbieter, die ETF-Sparpläne im Angebot hatten, sind es in diesem Jahr bereits acht Banken.«[66] Dabei ist es allen Direktbanken und Online-Brokern gelungen, den Anteil an ETF-Sparplänen unter allen Sparplantypen zu steigern. Bisher standen eher Fondssparpläne im Vordergrund: Der Anleger entscheidet, welchen Betrag er regelmäßig (z.B. monatlich oder vierteljährlich) in welchen ETF anlegen will. Da der regelmäßige Sparbetrag ein fixer Eurobetrag ist, der bei mindestens 25 oder 50 Euro liegt und nicht mit den Anteilspreisen der ETFs übereinstimmt, werden Bruchteile von ETF-Anteilen verbucht. Die Gebührenstruktur sieht in der Regel einen fixen Geldbetrag und/oder einen variablen Anteil pro ausgeführter Rate vor. Dabei sollte der Anleger beachten, dass im Falle niedriger Sparraten der fixe Gebührenanteil zu einer überproportionalen Kostenbelastung führen kann, z.B. 5,9 Prozent bei der 1822direkt im Falle einer 50-Euro-Sparrate. Die gleiche Rate in Höhe von 2,95 Euro wirkt sich bei einer 300-Euro-Sparrate mit nur 0,98 Prozent aus. Eine Optimierung der zu zahlenden Provi-

---

[66] ETF-Sparplantest 2012: Anleger profitieren vom Konkurrenzdruck, in: *EXtra-Magazin*, Juli 2012, S. 6.

sionen im Falle von hohen Fixgebühren kann der Anleger dadurch erreichen, dass er seinen gewünschten monatlichen Sparbetrag in Höhe von 50 Euro auf 150 Euro pro Quartal oder noch besser 300 Euro pro Halbjahr einrichtet bzw. ändert. Inzwischen gibt es ETF-Sparpläne, die für eine Auswahl von ETFs eines bestimmten ETF-Anbieters gar keine Transaktionskosten erheben. Die aus Sicht des Online-Brokers entgangenen Provisionserträge werden im Rahmen von Marketingaktionen vom ETF-Anbieter getragen. Sofern der Anleger nach Anwendung der in den früheren Abschnitten dieses Kapitels dargestellten Auswahlkriterien keine Bedenken gegenüber dem Anbieter oder den im Rahmen der Aktion angebotenen ETFs hat, sollte er die Möglichkeit der Transaktionskostenersparnis in jedem Fall wahrnehmen und gezielt nach solchen Rabattaktionen suchen. Depotgebühren für die Verwahrung der ETF-Anteile fallen bei keinem der vom *EXtra-Magazin* getesteten Online-Broker bzw. keiner der Direktbanken an.

Im Rahmen seines ETF-Sparplan-Tests 2012 hat das *EXtra-Magazin* ermittelt, dass die monatliche Sparrate im Durchschnitt rund 150 Euro beträgt und sich knapp 75 Prozent der ETF-Sparpläne auf Aktien als Anlageklasse beziehen sowie 16 Prozent auf Anleihen-ETFs und 6 Prozent auf Rohstoffindex-ETFs. Unter den Aktien-ETF-Sparplänen sind DAX®-ETFs der Anbieter iShares, db X-trackers und ETFlab am beliebtesten. Danach folgen Emerging-Market-ETFs der Häuser Lyxor, db X-trackers und ETFlab. ComStage steht als Anbieter für ETFs auf den Euro Stoxx 50 im Vordergrund.

Das Münchener Institut für Vermögensaufbau hat sich bereits im Jahre 2010 in einer Kurzstudie mit Möglichkeiten und Grenzen von ETF-Sparplänen befasst. Um im Rahmen eines Vermögensaufbaus via ETF-Sparplan ein ausreichendes Risikomanagement eingebaut zu haben, wird eine Mischung aus Aktien- und Anleihen-ETFs empfohlen (z.B. 75 Prozent Aktienanteil). Da sich die Mindestsparraten auf jeden einzelnen Fonds beziehen und sich nicht auf mehrere ETFs verteilen lassen, wird empfohlen, jeweils einen sehr breiten Index zu wählen, der durch den ETF abgebildet wird, um die Anzahl der verschiedenen ETFs möglichst gering zu halten. Im Falle der Anlageklasse Aktien erfüllt der MSCI World Index am ehesten die Anforderungen für eine breite globale Diversifikation. Für Anleihen kann beispielsweise ein ETF auf einen europäischen oder globalen Anleihenindex diesem Anspruch gerecht werden.[67]

Tabelle 3.17 fasst die Konditionen für ETF-Sparpläne der unterschiedlichen Online-Broker und Direktbanken zusammen.

---

[67] Beck, Andreas, *Wertpapiersparpläne mit ETFs*, Herausgeber: Institut für Vermögensaufbau, München, September 2010, S. 10 f.

Kategorie	1822direkt	Comdirect	Cortal Consors	DAB Bank	ING DiBa	Maxblue	OnVista	S Broker
Kosten für die Sparplan-Ausführung	2,95 € pro Ausführung	1,5 % vom Kurswert; max. 4,90 €	1,5 % vom Kurswert	2,50 € pro Ausführung zzgl. 0,25 % vom Kurswert	1,75 % vom Kurswert	2,50 € pro Ausführung zzgl. 0,40 % vom Kurswert	kostenfrei	2,5 % vom Kurswert
Kosten bei Sparrate von:								
50 €	2,95 €	0,75 €	0,75 €	2,63 €	0,88 €	2,70 €	0,00 €	1,25 €
100 €	2,95 €	1,50 €	1,50 €	2,75 €	1,75 €	2,90 €	0,00 €	2,50 €
150 €	2,95 €	2,25 €	2,25 €	2,88 €	2,63 €	3,10 €	0,00 €	3,75 €
300 €	2,95 €	4,50 €	4,50 €	3,25 €	5,26 €	3,30 €	0,00 €	7,50 €
Anzahl ETFs: davon:	26	156	59	202	8	110	10	76
Aktien	18	120	43	133	6	78	10	56
Anleihen	4	25	8	42	1	14	0	11
Rohstoffe	4	11	8	27	1	18	0	9
Ausführungs-intervalle (Monate)	1	1, 2, 3	1, 3	1, 2, 3, 6	1, 2, 3, 6	1, 2, 3, 6	1, 3	1, 2, 3, 6

Kategorie	1822direkt	Comdirect	Cortal Consors	DAB Bank	ING DiBa	Maxblue	OnVista	S Broker
Mindestsparrate	50 €	25 €	25 €	50 €	50 €	50 €	50 €	50 €
maximale Sparrate	3.000 €	–	–	3.000 €	–	50.000 €	1.000 €	99.999 €
Änderungsmöglichkeit	jederzeit	jederzeit	jederzeit	jederzeit	jederzeit	jederzeit	jederzeit	jederzeit
Dynamisierung Rate möglich	ja	ja	ja	ja	ja	nein	nein	nein
Einzug per Lastschrift möglich	nein	ja	ja	ja	ja	nein	ja	ja
Rabattaktionen (Gebühren-freiheit)*	–	50 ETFs	20 ETFs	140 ETFs 18 ETCs	–	81 ETFs 10 ETCs	–	32 ETFs
EXtra-Magazin-Urteil	befriedigend (Note 2,61)	sehr gut (Note 1,35)	gut (Note 1,88)	sehr gut (Note 1,29)	befriedigend (Note 2,91)	sehr gut (Note 1,47)	gut (Note 2,37)	gut (Note 1,87)

Tabelle 3.17: Überblick: ETF-Sparplan-Test *EXtra-Magazins* 2012; * Die Rabattaktionen sind langfristig ausgelegt und beinhalten in der Regel ETFs unterschiedlicher Anbieter (Quelle: *EXtra-Magazin*, Stand 18.06.2012, alle Angaben ohne Gewähr[68]).

---

[68]   *EXtra-Magazin*, Juli 2012, S. 8.

3.7 Umsetzung von Anlagestrategien mit ETFs

ETFs eignen sich sowohl für eine langfristig ausgerichtete Buy-and-Hold-Anlagestrategie als auch für eine taktische Allokation. Im Rahmen einer Buy-and-Hold-Strategie wird die Asset Allocation zu Beginn des Anlageprozesses definiert, mit ETFs als Bausteinen implementiert und im Zeitablauf nicht oder nur geringfügig angepasst. Spätere neue Mittelzuflüsse werden auf die aktuelle Aufteilung der Portfoliobestandteile gemäß ihrer aktuellen Gewichtung verteilt. Die Vermeidung von häufigen Umschichtungen spart Transaktionskosten. Gerade beim langfristigen Kostenvergleich schneiden ETFs gegenüber den aktiv gemanagten Investmentfonds besonders gut ab hinsichtlich der Haltekosten der Kapitalanlage.

Im Rahmen der taktischen Anlagestrategie geht es eher um kurzfristigere Anlagehorizonte, innerhalb derer chancenorientiert in ausgewählte Anlagethemen investiert wird. Durch ihre hohe Liquidität und ständige Handelbarkeit während der Börsenhandelszeiten sind ETFs und ETCs besonders gut geeignete Bausteine für taktische Investments. Will ein Investor beispielsweise nach der Lektüre eines Research-Berichtes oder aufgrund einer Anlageempfehlung gezielt in türkische Aktien investieren, so kann er dies unkompliziert und kostengünstig durch den Kauf eines ETFs umsetzen, der einen geeigneten Index auf türkische Aktien abbildet. Zur Auswahl stehen ETFs auf den DJ Turkey 20 Index von Lyxor und RBS Markets oder ETFs auf den MSCI Turkey Index von iShares und UBS. Per Stichtag 23.01.2013 hätte ein einmonatiger taktischer Einsatz eines der Instrumente rückwirkend betrachtet rund 5,5 Prozent Rendite ermöglicht.

Unter professionellen Anlegern stellt die Core-Satellite-Strategie eine anerkannte Strategie für die Implementierung der Asset Allocation dar. Dabei wird das Gesamtinvestment in ein Kernportfolio (»Core«) und ein oder mehrere Satelliteninvestments aufgeteilt. Das Kernportfolio stellt den Großteil der zu investierenden Mittel dar, ist idealerweise ein indexiertes Investment »in den Markt« und soll dank der niedrigen Kostenbelastung durch den ETF möglichst genau die Marktrendite erwirtschaften. Bezüglich der Anlageklassen wird es sich im Wesentlichen um relativ risikoarme Anleihen und Aktien in entwickelten Märkten handeln. Die Satelliteninvestments stellen jeweils nur einen geringen Anteil am Gesamtportfolio dar und können sowohl aktiv gemanagte Investmentfonds als auch ETFs sein, welche ausgewählte »Themen« abdecken. Dabei werden überdurchschnittliche Renditebeiträge und aufgrund geringer Korrelationen mit dem Core-Investment-Risiko diversifizierende Wirkungen erwartet. Typische Anlagethemen für Satelliten-Investments stellen beispielsweise Rohstoffe, Schwellenländeraktien oder -anleihen, Hochzinsanleihen, Hedgefonds oder Immobilien dar. In der Wahrnehmung der Anleger wird im Falle von Satelliteninvestments aktiven Aktien-Portfoliomanagern ein Mehrwert durch Erzielung von Überrenditen zugetraut. Dies ist durch die niedrigere Effizienz solcher Märkte auf Einzelfallbasis sehr wohl möglich, im Durchschnitt wird die Marktrendite in der Regel nicht erreicht, wie wir in Kapitel 3.1 feststellen konnten.

Wie kann der interessierte Privatanleger die auf seine Bedürfnisse zugeschnittene Asset Allocation mit ETFs umsetzen? Im ersten Schritt muss er sich klarmachen, welcher Risikotyp er ist. Für risikoaverse Anleger gilt es, einen höheren Anteil an ETFs auf sichere Anleihen als Aktien und Rohstoffe in das Portfolio aufzunehmen. Je länger der Anlagehorizont ist oder umso jünger der Anleger ist, desto höher sollte der Anteil an Aktien-ETFs im Portfolio sein.

Als erste Möglichkeit böte sich die Nachbildung eines Musterportfolios an. Solche Musterportfolios veröffentlichen z.B. Webseiten mit entsprechender Expertise für risikobewusste, ausgewogene und chancenorientierte Anlegerwünsche. Beispielsweise zeigt die Redaktion des *EXtra-Magazins* die Zusammensetzung solcher Musterportfolios auf www.extra-funds.de.

Das Defensiv-Portfolio zeichnet sich durch einen hohen Anleihenanteil von 60 Prozent aus. Dabei werden zwei Drittel des Rentenanteils in europäische Staatsanleihen bzw. deutsche Pfandbriefe investiert. Der Rest verteilt sich auf europäische Unternehmensanleihen und globale, inflationsgesicherte Anleihen-ETFs. Der Aktienanteil fällt mit 15% erwartungsgemäß defensiv aus und ist auf die beiden Hauptmärkte Europa und USA aufgeteilt. Zur Diversifikation werden 5 Prozent REITs und 5 Prozent Rohstoffe beigemischt. 15 Prozent des Portfolios werden in den Geldmarkt investiert.

Beim Balance-Portfolio wird auf eine ausgewogene Aufteilung des Vermögens auf die Hauptanlageklassen geachtet. So sind Aktien, Renten und andere Investments mit rund einem Drittel gewichtet. Innerhalb der Aktienquote werden neben Europa und den USA auch ETFs auf Emerging-Markets-Aktien und den japanischen Aktienmarkt berücksichtigt. Der Anleihenteil beinhaltet Unternehmensanleihen und deutsche Pfandbriefe. In die alternativen Anlageklassen Immobilien und Rohstoffe werden je 10 Prozent investiert, ein Währungs-ETF und ein Geldmarkt-ETF sind mit 5 bzw. 10 Prozent gewichtet.

Das Wachstums-Portfolio zeichnet sich durch einen hohen Aktienanteil (60 Prozent) aus, welcher mit jeweils 15 Prozent ETFs auf die Anlageregionen Europa, USA, Asien inklusive Japan und Emerging Markets beinhaltet. Die Anleihenkomponente fällt mit 10 Prozent gering aus und investiert je zur Hälfte in europäische Staatsanleihen und Unternehmensanleihen. Immobilien und Rohstoffindex-ETFs sind jeweils mit 10 Prozent und Währungs-ETFs mit 5 Prozent gewichtet. Der Geldmarkt ist ebenfalls mit 5 Prozent im ETF-Portfolio vertreten.

Bei allen drei Varianten werden Ausschüttungen bis zum jährlichen Rebalancing-Termin als Bargeldkomponente akkumuliert. An diesem Termin werden alle Gewichte der ETF-Positionen wieder auf ihren ursprünglichen Wert seit der Erstveröffentlichung am 1. Januar 2009 zurückgesetzt. Ein Wechsel zu dem ETF eines anderen Anbieters mit niedrigerer TER auf dem gleichen Index ist möglich.[69] In Tabelle 3.18 sind aktuelle stichtagsbezogene Gewichte aufgeführt.

Anlageklasse / ETF	Defensiv	Balance	Wachstum
Aktien	**15,51 %**	**35,39 %**	**60,30 %**
Lyxor ETF MSCI AC Asia-Pacific Ex Japan	0 %	0 %	7,01 %
db X-trackers MSCI Emerging Markets TRN Index UCITS ETF – 1C	0 %	9,96 %	14,88 %
db X-trackers MSCI USA TRN Index UCITS ETF – 1C	7,32 %	10,39 %	15,50 %
iShares MSCI Europe	8,20 %	10,19 %	15,20 %
iShares Nikkei 225® (DE)	0 %	4,84 %	7,71 %
Anleihen	**59,43 %**	**34,61 %**	**14,83 %**
db X-trackers Currency Returns UCITS ETF (EUR)	0 %	5,02 %	4,93 %
Lyxor ETF EuroMTS Investment Grade Eurozone	19,88 %	0 %	4,99 %
iShares Barclays Global Inflation-Linked Bond	9,79 %	0 %	0 %
iShares Markit iBoxx Euro Corporate Bond	9,91 %	9,85 %	4,90 %
iShares eb.rexx® Jumbo Pfandbriefe (DE)	19,85 %	19,75 %	0 %
Rohstoffe	**5,01 %**	**9,96 %**	**9,90 %**
db X-trackers DBLCI – OY Balanced (EUR) UCITS ETF	5,01 %	9,96 %	9,90 %

---

[69] www.extra-funds.de; Stand: Januar 2009.

Anlageklasse / ETF	Defensiv	Balance	Wachstum
Immobilien	5,09 %	10,12 %	10,06 %
iShares FTSE EPRA/NAREIT Developed Markets Property Yield Fund	5,09 %	10,12 %	10,06 %
Geldmarkt	14,93 %	9,89 %	4,92 %
db X-trackers II EONIA TR UCITS ETF – 1C	14,93 %	9,89 %	4,92 %
Kasse	0,03 %	0,03 %	0,01 %
Portfolio	100,00 %	100,00 %	100,00 %

Tabelle 3.18: Musterportfolios des *EXtra-Magazin*s (Quelle: www.justetf.de; Stand: 24.01.2013).

Praktische Umsetzungshilfe für die vom *EXtra-Magazin* vorgeschlagenen ETF-Musterportfolios und andere professionell zusammengestellten ETF-Portfolios findet man auf dem ETF-Portal www.justetf.de. Für die dort vorgestellten Musterportfolios wird ein konkreter Anlagevorschlag basierend auf ETFs in Höhe des vom Anwender eingegebenen Anlagebetrages errechnet. Der Anleger weiß genau, welchen ETF er in welcher Stückzahl kaufen muss, um die von ihm gewählte Asset Allocation in seinem Depot abzubilden. Idealerweise setzt er dies über sein Online-Depot um und recherchiert vorher, ob sein Online-Broker möglicherweise Rabattaktionen für ETF-Kauforders anbietet. Selbstverständlich kann er vom Vorschlag in der Form abweichen, dass er sich für den ETF eines anderen Anbieters entscheidet, sofern dieser den gleichen Index oder einen mit ähnlicher Wertentwicklung abbildet. Zusätzlich besteht die Möglichkeit, die Zusammensetzung des Portfolios überwachen zu lassen und Hinweise auf vorzunehmende Anpassungstransaktionen zu erhalten, um im Rahmen des Rebalancings die Portfoliostruktur beizubehalten. Dabei kann der Anwender individuelle Präferenzen hinsichtlich der Abbildungsmethode oder der Ertragsverwendung berücksichtigen oder einfach den passenden ETF seines Lieblingsanbieters auswählen. Neben dem Abruf der Musterdepots hat der registrierte Nutzer von www.justetf. de die Möglichkeit, bis zu fünf virtuelle, individuell zusammengestellte ETF-Portfolios zu erfassen und deren Wertentwicklung zu überwachen. Insgesamt greift das System auf eine umfangreiche Datenbank mit mehr als 600 ETFs und ETCs zurück. Unterstützt werden ausschließlich ETP-Bausteine, die sich für eine langfristig orientierte Asset Allocation eignen. Leveraged- und Short-Produkte werden deshalb bewusst ausgeschlossen, da sie sich nur für sehr kurzfristige taktische Einsätze oder zur zeitlich begrenzten Absicherung von Wertpapier- oder ETF-Beständen eignen.

Die von Professor Dr. Martin Weber entwickelte ARERO Weltstrategie lässt sich mit nur sechs unterschiedlichen ETFs nachbilden. Die durchschnittliche TER beträgt dabei rund 0,40 Prozent. In nachstehender Tabelle sind aktuelle stichtagsbezogene Gewichte aufgeführt.

Anlageklasse / ETF	TER	Gewicht
Aktien	**0,47 %**	**60,70 %**
CS ETF (Lux) on MSCI Emerging Markets	0,67 %	19,76 %
ComStage ETF MSCI Pacific TRN	0,45 %	7,75 %
ETFlab MSCI Europe	0,30 %	16,90 %
iShares MSCI North America	0,40 %	16,30 %
Anleihen	**0,15 %**	**25,83 %**
db X-trackers II iBoxx® EUR Sovereigns Eurozone TR Index UCITS ETF – 1C	0,15 %	25,83 %
Rohstoffe	**0,55 %**	**13,45 %**
ETFSecurites DJ-UBS All Commodities 3 Month Forward Fund	0,55 %	13,45 %
Kasse	**0,00 %**	**0,02 %**
Portfolio	**0,40 %**	**100,00 %**

Tabelle 3.19: Das ARERO-Weltportfolio mit ETF-Vorschlägen (Quelle: www. justetf.de; Stand: 24.01.2013).

Die drei Aktien-ETFs auf die Anlageregionen Nordamerika, Europa und pazifischer Raum könnten durch einen einzigen ETF, der den MSCI World Index abbildet, ersetzt werden, ohne dabei das Anlageergebnis oder die Kostenstruktur des Portfolios nachhaltig zu verändern. Die Struktur des Portfolios wird in Abbildung 3.5 dargestellt. Bei der ETF-Auswahl kann der Anleger aufgrund des breiten Produktspektrums seine persönlichen Präferenzen hinsichtlich Anbieter, Gesamtkostenquote, Abbildungsmethode oder Ausschüttungspolitik berücksichtigen.

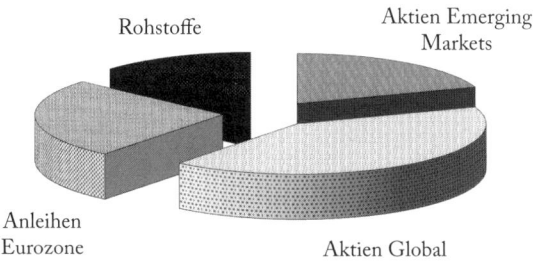

Abbildung 3.5: Vereinfachte Variante des ARERO Weltportfolios.

Die Betreiber des Internetportals www.justetf.de, Dominique Riedl und Petra Dentlinger, haben neben den beiden bereits vorgestellten Vorschlägen für die Asset Allocation über die DR Investment Control GmbH eigene ETF-Musterportfolios mit unterschiedlichen Risikostrukturen erarbeitet, die sich ebenso mit wenigen unterschiedlichen ETFs kostengünstig nachbilden lassen. Dabei ist im Namen der Strategie die maximal vorgesehene Höhe der Aktienquote angegeben. In Tabelle 3.20 sind die ETF-Quoten aufgeführt, auf die das ETF-Portfolio an jedem Rebalancing-Termin angepasst wird.

Anlageklasse / ETF	Invest A-30 %	Invest A-40 %	Invest A-55 %
Aktien	30 %	40 %	55 %
db X-trackers MSCI World TRN Index UCITS ETF – 1C	10 %	10 %	20 %
db X-trackers MSCI Emerging Markets TRN Index UCITS ETF – 1C	10 %	20 %	20 %
iShares DAX® (DE)	10 %	10 %	15%
Anleihen	60 %	45 %	30 %
iShares Markit iBoxx Euro Corporate Bond	20 %	15 %	10 %
iShares eb.rexx® Government Germany (DE)	40 %	30 %	20 %
Edelmetalle	10 %	15 %	15 %
XETRA-Gold ETC	10 %	15 %	15 %
Kasse	0,00 %	0,00 %	0,00 %
Portfolio	100,00 %	100,00 %	100,00 %

Tabelle 3.20: ETF-Musterportfolios der DR Investment Control GmbH, Rebalancing Portfolios (Quelle: www.justetf.de; Stand: 24.01.2013).

3.8 Anlagelösungen mit ETFs

Eine Alternative zur selbstständigen Umsetzung einer Asset Allocation, die die persönlichen Anlageziele und die persönliche Risikoneigung widerspiegelt, bieten Dachfonds und vermögensverwaltende Anlagelösungen, die mehrheitlich oder sogar ausschließlich in ETFs als Zielfonds oder andere ETPs investieren. Dabei erwirbt der Anleger einen einzelnen Fonds, der die vollständige Asset Allocation beinhaltet, die von einem Dachfonds-Manager definiert und gesteuert wird. Das professionelle Umfeld der Investmentgesellschaft oder der Fachabteilung einer Bank stellt die sorgfältige Auswahl der Anlagebausteine sicher. Dabei wird die Asset Allocation entweder im Rahmen aktiver, von Research-Meinungen beeinflusster Entscheidungen des Dachfonds-Managers oder durch einen Algorithmus, z. b. einem Trendfolgemodell, festgelegt. Das Fondsanalysehaus Morningstar hat im Dezember 2012 eine Untersuchung zu diesem Spezialthema veröffentlicht und dabei folgende wesentlichen Erkenntnisse gewonnen: Fast alle der 106 identifizierten Anlagelösungen auf der Basis von ETPs sind als Dachfonds konzipierte OGAW-konforme Sondervermögen. Der Anteil für ETPs liegt zwischen 50 Prozent und 100 Prozent und ist tendenziell steigend, wofür deren Kostengünstigkeit und Verlässlichkeit, ungefähr die Marktrendite der betrachteten Anlageklasse zu liefern, schlagkräftige Argumente darstellen. 32 unterschiedliche Managementgesellschaften verwalten rund 9,2 Milliarden Euro per Stichtag 31. August 2012. Davon liegen rund 2,4 Milliarden Euro in ETFs vom Weltmarktführer iShares. 72 solcher Produktlösungen für die Asset Allocation sind erst seit dem Jahr 2007 am Markt lanciert worden und vereinen 8,2 Milliarden Euro der Gesamtsumme.

Die Anlagelösungen, die am Markt angeboten werden, sind sehr unterschiedlich hinsichtlich ihres Anlageschwerpunktes. Während rein europäisch ausgerichtete Lösungen in ETFs investieren, die europäische Aktien- oder Anleihenindizes abbilden, beinhalten internationale Portfolios in erster Linie ETPs, die Zugang zu außereuropäischen Märkten ermöglichen. Globale Strategien verfügen über die Möglichkeit, alle weltweit zugänglichen Märkte in die Asset Allocation aufzunehmen. Die Portfoliolösungen lassen sich auch hinsichtlich der Anlageklasse einteilen, nach der das ETP-Portfolio primär ausgerichtet ist: Aktien, Anleihen, alternative Anlagen oder alle Anlageklassen, wobei letztere die flexibelste Variante hinsichtlich des Einsatzes von ETPs darstellt. Die Portfolioimplementierung kann im Falle einer strategischen Ausrichtung hinsichtlich der Aufteilung nach Anlageklassen langfristig relativ konstant ausgelegt sein. Im Falle einer hybriden Portfoliostruktur kommt man dem im vorhergehenden Abschnitt dargestellten Core-Satellite-Ansatz am nächsten. Innerhalb taktisch ausgerichteter ETP-Lösungen kann sich die Zusammensetzung des Portfolios hinsichtlich der Gewichtung der Anlageklassen und der Subkategorien innerhalb der Anlageklassen sehr kurzfristig ändern. Der Portfoliomanager versucht opportunistisch Chancen an den Kapitalmärkten wahrzunehmen und diese flexibel und schnell mit ETPs umzusetzen. Innerhalb der Lösungen bzw. Dachfonds, die Trendfolgemodelle für die Festlegung der Asset Allocation heranziehen, existieren auch reine Aktienlösungen, die ausschließlich in Aktiensektor-ETFs investieren, z.B. Dachfonds der beiden Münchener Spezialanbieter Assenagon und AVANA Invest. Veritas Investment und Advanced Dynamic Asset Management bieten aktiv gemanagte ETP-Dachfonds an. Für die passive, also rein von einem Modell bestimmte Asset Allocation der ARERO Weltstrategie ist ein Dachfonds verfügbar, wobei der Anleger diese Strategie selbst nachbilden kann, wie wir im vorhergehenden Abschnitt dargelegt haben. Die Deutsche Bank bietet den db X-trackers Portfolio Total Return Index UCITS ETF an, der ein breit diversifiziertes Indexportfolio abbildet. Die von dem in München ansässigen Institut für Vermögensaufbau erarbeitete Asset Allocation sieht folgende Merkmale für den die Vermögensverwaltung abbildenden Index vor: »Anlageziel des Index ist es, die Wertentwicklung eines diversifizierten globalen Portfolios bestehend aus Aktien sowie Rentenwerten abzubilden. Es wird eine Strategie verfolgt, die hauptsächlich darauf abzielt, im Laufe der Zeit Kapitalzuwachs zu erzielen und gleichzeitig die Volatilität zu begrenzen. Der Aktienanteil kann sowohl entwickelte Aktienmärkte als auch aufstrebende Märkte enthalten. Der minimale und maximale Aktienanteil im Index beträgt 50 Prozent bzw. 70 Prozent. Der Rentenanteil des Index wird aus einer Auswahl an Staatsanleihen-, Inflationsgebundenen Anleihen- sowie Geldmarktindizes zusammengestellt. Der minimale und maximale Rentenanteil im Index beträgt 30 bzw. 50 Prozent. Das Indexportfolio kann um Immobilien erweitert werden; die Mindest- und Höchstgewichtung der Immobilienkomponente wird dann unter Bezugnahme auf die Liquidität dieser zusätzlichen ETFs bestimmt.«[70] Das Indexportfolio weist per 31.01.2013 die in Abbildung 3.6 dargestellte Struktur auf. Es lässt sich analog der ARERO-Lösung auch durch die Kombination von einzelnen ETFs auf die im Portfolio Total Return Index enthaltenen Indizes nachbauen.

Portfolio Total Return Index	
MSCI Emerging Markets Index	16,79 %
Stoxx Global Select Dividend 100 Index	14,45 %
MSCI Europe Small Cap Index	10,53 %
Emerging Markets Liquid Eurobond Index	10,01 %
iBoxx EUR Liquid Corporate Bond Index	9,77 %
iBoxx Germany Coverd Bond Index	9,66 %
MSCI Europe Index	7,14 %
FTSE EPRA/NAREIT Eurozone Real Estate Index	5,18 %
MTS Ex-Bank of Italy BTP Index	5,14 %
Sonstige	11,33 %

Tabelle 3.21: Zusammensetzung des Portfolio Total Return Index (Quelle: Deutsche Bank AG; Stand 31.01.2013).

Bei der Auswahl sollte der Anleger darauf achten, dass die angebotene Lösung möglichst genau seinen Vorstellungen über Portfolioausrichtung und Risiko entspricht. Die jährlichen Verwaltungsgebühren der ETP-Dachfonds können ebenso stark schwanken. Tatsächlich lassen sich niedrige Gebühren in Höhe von 0,3 Prozent p.a. eben-

---

[70] www.etf.db.com; Stand: 31.01.2013.

so beobachten wir jährliche Verwaltungsgebühren von fast 2,0 Prozent.[71]

Tabelle 3.22 gibt einen Überblick über die größten Portfoliolösungen auf Basis von ETPs:

Portfolio	Universum	Breite	Strategie	Vermögen (Mio. €)	Auflage im
HVB Vermögensdepot privat Balance PI	global	balanced	hybrid	2.357	Februar 2008
HVB Vermögensdepot privat Wachstum PI	global	balanced	hybrid	1.067	Februar 2008
db PrivatMandat Fit – Europa Defensiv	Europa	balanced	taktisch	496	Februar 2010
CS MACS Dynamic P	global	alle Anlageklassen	hybrid	386	Dezember 2007
db PrivatMandat Fit – Europa	Europa	balanced	taktisch	377	Februar 2010
UBS (Lux) SICAV 1 All Rounder $ P	global	balanced	hybrid	373	März 2009
CS MACS Classic 40 P	global	alle Anlageklassen	hybrid	355	Dezember 2007
HVB Vermögensdepot priv Defensiv PI	Europa	Anleihen	hybrid	332	Oktober 2009

---

[71] Rose, Gordon / Johnson, Ben / Gogerty Andrew, ETF Managed Portfolios Landscape Report, Morningstar Research, Dezember 2012, S. 3 ff.

Portfolio	Universum	Breite	Strategie	Vermögen (Mio. €)	Auflage im
db PrivatMandat Comf-Pro Wachstumsländer	international	balanced	taktisch	280	Juni 2011
Veritas ETF-Dachfonds P	global	balanced	taktisch	277	April 2007

Tabelle 3.22: Überblick über die größten vermögensverwaltenden Anlagelösungen bzw. Dachfonds mit hohem Anteil an ETPs.[72]

---

[72]   Rose, Gordon / Johnson, Ben / Gogerty, Andrew, *ETF Managed Portfolios Landscape Report*, Morningstar Research, Dezember 2012, S. 11.

Kapitel 4: Wie werden ETFs besteuert?

Im ersten Kapitel haben wir ETFs als Investmentfonds mit einigen zusätzlichen Eigenschaften kennengelernt, deren rechtlicher Hintergrund mit dem herkömmlicher Investmentfonds identisch ist. Das Gleiche gilt auch für deren Besteuerung. Nachfolgende Ausführungen beziehen sich auf die Sichtweise von Privatinvestoren mit Ausnahme der Ergänzung für betriebliche Anleger am Ende von Abschnitt 4.4.

4.1 Grundprinzip der Besteuerung

Zum 1. Januar 2009 wurde in Deutschland die sogenannte Abgeltungssteuer eingeführt. Im deutschen Steuerrecht taucht der Begriff Abgeltungssteuer selbst allerdings nicht auf – kein Wunder, denn die Abgeltungssteuer ist nichts anderes als die Neuregelung der Kapitalertragsteuer.

Einkünfte aus Kapitalvermögen fallen für unbeschränkt Steuerpflichtige (Privatpersonen mit Wohnsitz oder gewöhnlichem Aufenthalt in Deutschland) an, wenn Erträge aus Kapitalanlagen erzielt werden. Typischerweise sind dies Dividenden, Zinsen oder Erträge aus Investmentfonds. Vor der Neuregelung wurden Kapitalerträge mit dem persönlichen Steuersatz belegt, wobei Kursgewinne nach einer Haltedauer von mindestens einem Jahr steuerfrei waren. Für Privatanleger und fast alle Anlageformen gilt seit dem 1. Januar 2009 der einheitliche Steuersatz von 25 Prozent zuzüglich Solidaritätszuschlag und gegebenenfalls Kirchensteuer, der nicht mehr nur auf Kapitalerträge, sondern auch auf Veräußerungsgewinne mit abgeltender Wirkung anzuwenden ist.[73] Kursgewinne aus dem Verkauf von Fondsanteilen genießen aber Bestandsschutz und unterliegen nicht der Besteuerung, sofern diese vor dem 1. Januar 2009 angeschafft wurden. Steuerpflichtig sind auch die auf Ebene des Investmentvermögens erzielten ausgeschütteten Veräußerungsgewinne. Auch hier gilt im Rahmen eines Bestandsschutzes Steuerfreiheit für Ausschüttungen von Veräußerungsgewinnen aus Wertpapieren, die der Fondsmanager vor dem 1. Januar 2009 angeschafft hat.[74]

4.2 Ziele der Abgeltungssteuer

»Die Abgeltungssteuer ist grundsätzlich richtig, denn sie führt zur Vereinfachung«, kommentierte Horst Vinken, Präsident der Bundessteuerberaterkammer, einst deren Einführung und Zielsetzung.[75]

Die depotführende Stelle nimmt den Steuerabzug für die Kapitalertragssteuer »an der Quelle« vor. Die Steuerschuld gilt dadurch als abgegolten. Allerdings gibt es keine Regel ohne Ausnahme: Wir werden im Verlauf des Kapitels auf Fälle stoßen, in denen eine Veranlagung durch Angabe der Kapitalerträge in der Einkommensteuererklärung notwendig ist. Vielen Anlegern ist nicht klar, in welchen Fällen die depotführende Stelle für den Abzug der Kapitalertragssteuer mit abgeltender Wirkung zuständig ist und wann die Pflicht zur Deklaration der Erträge in der Einkommensteuererklärung besteht. Auf diese Thematik wird im nachfolgenden Abschnitt 4.3 eingegangen.

---

[73] DEKA / KPMG, *Die Abgeltungssteuer, alles Wissenswerte im Überblick*, 2012, S. 5.
[74] BVI Bundesverband Investment und Asset Management e.V., *Investmentfonds und Abgeltungssteuer*, Februar 2012, S. 2 u. 4.
[75] N24, www.n24.de/news/newsitem_388942.html, Stand: 24.02.2008.

Der oben erwähnte einheitliche Einkommenssteuersatz beträgt bei genauerer Betrachtung maximal 25 Prozent (bzw. bis zu fast 28 Prozent unter Berücksichtigung des Solidaritätszuschlages und des je nach Bundesland und Konfession unterschiedlichen Kirchensteuersatzes). Liegt der persönliche Steuersatz eines Privatanlegers unter 25 Prozent, so ist dieser auch auf die Kapitalerträge anzuwenden. Allerdings ist dann eine steuerliche Veranlagung durch Einreichung einer Einkommensteuererklärung notwendig, um in den Genuss der niedrigeren Besteuerung der Kapitalerträge durch die sogenannte Günstigerprüfung zu kommen.

Neu seit 2009 ist auch der Wegfall von tatsächlich angefallenen Werbungskosten wie zum Beispiel Depotgebühren oder Reisekosten im Zusammenhang mit dem Besuch von Hauptversammlungen. Abgegolten wird dies durch den sogenannten Sparer-Pauschbetrag in Höhe von 801 Euro bei Einzelveranlagung bzw. 1.602 Euro bei Zusammenveranlagung.[76] Um unverzüglich in den Genuss dieses Freibetrages zu kommen, muss der Anleger einen Freistellungsauftrag bei seiner depotführenden Stelle (Bank, Sparkasse oder Investmentgesellschaft) einreichen. Der Betrag kann auch auf mehrere Institute verteilt werden.[77]

Anleger, deren zu versteuerndes Einkommen im Falle einer Einzelveranlagung 8.004 Euro bzw. 16.008 Euro bei Zusammenveranlagung nicht übersteigt, haben die Möglichkeit, den Abzug der Kapitalertragssteuer vollständig zu vermeiden. Dazu ist beim zuständigen Finanzamt eine Nichtveranlagungsbescheinigung zu beantragen.

Durch die Einbeziehung von Veräußerungsgewinnen in die Steuerbasis können seit Einführung der Abgeltungsteuer Veräußerungsverluste entsprechend berücksichtigt werden. Die Verluste dürfen ebenso mit Zins- und Dividendenerträgen bzw. Erträgen aus Investment-

---

[76] BVI Bundesverband Investment und Asset Management e.V., *Investmentfonds und Abgeltungssteuer*, Februar 2012, S. 5.
[77] DEKA / KPMG, *Die Abgeltungsteuer, alles Wissenswerte im Überblick*, 2012, S. 10.

fonds verrechnet werden. Es ist Aufgabe der depotführenden Stelle, einen sogenannten Verlustverrechnungstopf zu berechnen. Eine Ausnahme stellen direkt gehaltene Aktien dar, deren Verluste nur mit Gewinnen aus Aktiengeschäften verrechnet werden können. In einem Kalenderjahr nicht ausgeglichene Verluste werden von der depotführenden Stelle auf das Folgejahr vorgetragen. Der Anleger kann auf Antrag bewusst darauf verzichten und der Ausstellung einer Verlustbescheinigung den Vorzug geben. Das ergibt genau dann Sinn, wenn er Wertpapierdepots mit realisierten Gewinnen und Verlusten bei verschiedenen Banken unterhält, da eine bankübergreifende Saldierung nicht möglich ist. Beim Kauf von Fondsanteilen werden die bezahlten Zwischengewinne (im Anteilspreis enthaltene Entgelte für vereinnahmte oder aufgelaufene Zinsen, die vom Investmentfonds noch nicht ausgeschüttet oder thesauriert worden sind) in den Verlustverrechnungstopf eingestellt. Diese werden beim Kauf bereits steuermindernd berücksichtigt, um eine Doppelbesteuerung bei Veräußerung zu vermeiden.[78]

Im Ausland erzielte Kapitalerträge unterliegen häufig einer Quellensteuer im Heimatland. Die Kapitalertragssteuer kann um die anrechenbare ausländische Quellensteuer vermindert werden. Der Abzug wird von der depotführenden Stelle vorgenommen.

4.3 Auswirkungen der Abgeltungssteuer auf die Besteuerung von ETFs

ETFs werden nach dem Grundgedanken des Transparenzprinzips besteuert. Dabei werden Privatanleger so gestellt, als ob sie in die im Fondsvermögen des ETFs enthaltenen Wertpapiere und Kontoguthaben direkt investiert hätten. Folglich sind ETFs selbst steuerbefreit, d.h. die Erträge bleiben auf Fondsebene steuerfrei und werden erst auf

---

[78] BVI Bundesverband Investment und Asset Management e.V., *Investmentfonds und Abgeltungssteuer*, Februar 2012, S. 7 f.

Anlegerebene besteuert. Die Besteuerungsgrundlage wird auf ETF-Ebene in Form der Investmentfondserträge ermittelt.

Dabei unterscheidet sich der Umfang der steuerpflichtigen Erträge abhängig davon, ob es sich um einen ausschüttenden oder thesaurierenden ETF handelt. Hinsichtlich der Frage, ob die Kapitalertragssteuer an der Quelle einbehalten wird oder der Anleger zur Veranlagung verpflichtet ist, kommt es auch darauf an, ob es sich um einen in- oder einen ausländischen ETF handelt und ob der Privatanleger sein Depot bei einem in- oder einem ausländischen Institut führt.

4.3.1 Besteuerung von ETFs bei Depotführung im Inland

Die laufenden Erträge eines inländischen vollausschüttenden ETFs (Zinsen, Dividenden sowie ausgeschüttete Veräußerungsgewinne und Gewinne aus Termingeschäften) unterliegen der Kapitalertragssteuer, wobei der Einbehalt der Abgeltungssteuer seit 2012 einheitlich durch die depotführende Stelle vorgenommen wird. Im Falle eines thesaurierenden inländischen ETFs besteht die Steuerpflicht für die sogenannten ausschüttungsgleichen Erträge wie Zinsen und Dividenden. Seit 2012 erfolgt der Steuerabzug ebenfalls durch das depotführende Institut, das die entsprechenden Geldbeträge wiederum von der Depotbank des ETFs zulasten des ETF-Vermögens erhält.

Handelt es sich um einen im Ausland aufgelegten ETF, ist die Regelung hinsichtlich der laufenden Erträge identisch mit der für inländische ETFs. Nur im Falle einer Thesaurierung der Erträge im ETF gilt eine abweichende Regelung. Da weder der ausländische ETF noch die depotführende Stelle zum Zeitpunkt der Thesaurierung Abgeltungssteuer einbehalten, ist der Anleger verpflichtet, die Erträge im Wege der Veranlagung in seiner Einkommensteuererklärung gegenüber dem Finanzamt zu deklarieren.

Durch Einführung der Abgeltungssteuer sind Veräußerungsgewinne ebenfalls steuerpflichtig geworden, und zwar unabhängig von der Haltedauer des Investments. Im Falle vollausschüttender ETFs besteht sowohl für in- als auch für ausländische Anbieter eine Steuerpflicht für Zwischengewinne und Veräußerungsgewinne abzüglich der Zwischengewinne. Der Steuerabzug wird durch das depotführende inländische Institut vorgenommen.

Im Falle eines inländischen thesaurierenden ETFs gilt prinzipiell die gleiche Regelung wie für vollausschüttende ETFs, nur mit dem Unterschied, dass bereits versteuerte thesaurierte Erträge vom Zwischengewinn abzuziehen sind. Handelt es sich um einen ausländischen thesaurierenden ETF, sind Veräußerungsgewinne zusätzlich um akkumulierte ausschüttungsgleiche Erträge, die bereits versteuert sind, zu bereinigen.

Die Tabellen 4.1 und 4.2 fassen zusammen, wann Abgeltungssteuer einbehalten wird und in welchen Fällen der Anleger eine Veranlagung via Einkommenssteuererklärung durchführen muss.

In Deutschland aufgelegter ETF	Steuerlich nicht zu erfassen	Einbehaltung Abgeltungs- steuer	Veranlagung zum Abgel- tungssatz
ausgeschüttete Zinsen		✓	
thesaurierte Zinsen		✓	
ausgeschüttete inländische Dividenden		✓	
thesaurierte inländische Dividenden		✓	
ausgeschüttete ausländische Dividenden		✓	
thesaurierte ausländische Dividenden		✓	

In Deutschland aufgelegter ETF	Steuerlich nicht zu erfassen	Einbehaltung Abgeltungs-steuer	Veranlagung zum Abgel-tungssatz
ausgeschüttete Veräuße-rungsgewinne bei Wertpa-pieren und Gewinne aus Termingeschäften (Kauf bzw. Abschluss vor dem 1.1.2009)	✓		
ausgeschüttete Veräuße-rungsgewinne bei Wertpa-pieren und Gewinne aus Termingeschäften (Kauf bzw. Abschluss nach dem 31.12.2008)		✓	
thesaurierte Veräußerungs-gewinne bei Wertpapieren und Gewinne aus Terminge-schäften	✓		

Tabelle 4.1: Abgrenzung zwischen Einbehaltung von Abgeltungssteuer an der Quelle und Veranlagungspflicht zum Abgeltungssatz bei einem in Deutschland aufgelegten ETF im Inlandsdepot.

Im Ausland aufgelegter ETF	Steuerlich nicht zu erfassen	Einbehaltung Abgeltungs-steuer	Veranlagung zum Abgel-tungssatz
ausgeschüttete Zinsen		✓	
thesaurierte Zinsen			✓
ausgeschüttete inländische Dividenden		✓	
thesaurierte inländische Di-videnden			✓
ausgeschüttete ausländische Dividenden		✓	

Im Ausland aufgelegter ETF	Steuerlich nicht zu erfassen	Einbehaltung Abgeltungs-steuer	Veranlagung zum Abgel-tungssatz
thesaurierte ausländische Dividenden			✓
ausgeschüttete Veräußerungsgewinne bei Wertpapieren und Gewinne aus Termingeschäften (Kauf bzw. Abschluss vor dem 1.1.2009)	✓		
ausgeschüttete Veräußerungsgewinne bei Wertpapieren und Gewinne aus Termingeschäften (Kauf bzw. Abschluss nach dem 31.12.2008)		✓	
thesaurierte Veräußerungsgewinne bei Wertpapieren und Gewinne aus Termingeschäften	✓		

Tabelle 4.2: Abgrenzung zwischen Einbehaltung von Abgeltungssteuer an der Quelle und Veranlagungspflicht zum Abgeltungssatz beim ausländischen ETF im Inlandsdepot.

4.3.2 Besteuerung von ETFs bei Depotführung im Ausland

Der Wunsch nach Verwahrung von Wertpapieren bei einer Bank im Ausland kann unterschiedliche Gründe haben. Wir betrachten im Folgenden ausschließlich die Sichtweise steuerehrlicher Anleger, für die beispielsweise die Qualität der Anlageberatung oder der Schutz vor Pfändung im Inland für ihre Wahl maßgeblich sind.

Hält der Anleger einen in Deutschland aufgelegten vollausschüttenden ETF in seinem Auslandsdepot, erfolgt seit 2012 lediglich für inländische Dividenden ein automatischer Steuerabzug durch die inländische Stelle, die die Dividenden an das ausländische depotführende Institut weiterleitet. Für alle anderen steuerpflichtigen Erträge wie Zinsen besteht eine Deklarationspflicht im Rahmen der Einkommenssteuererklärung. Bei inländischen thesaurierenden ETFs wird die Abgeltungssteuer auf die steuerpflichtigen ausschüttungsgleichen Erträge durch die letzte inländische Stelle abgeführt, der die Depotbank des ETFs die Steuerabzugsbeträge zulasten des Fondsvermögens zur Verfügung stellt. Damit entfällt die Pflicht zur Veranlagung.

Bei außerhalb Deutschlands aufgelegten ETFs besteht sowohl für die vollausschüttende als auch die thesaurierende Variante eine Pflicht zur Deklaration der laufenden bzw. ausschüttungsgleichen Erträge in der Einkommenssteuererklärung, da die Abgeltungssteuer ausschließlich im Wege der Veranlagung erhoben werden kann.

Unabhängig vom Herkunftsland des ETFs besteht Steuerpflicht für Zwischengewinne und um Zwischengewinne reduzierte Veräußerungsgewinne im Falle vollausschüttender ETFs. Bei Thesaurierung werden zusätzlich bereits versteuerte thesaurierte (ausschüttungsgleiche) Erträge von der Berechnungsbasis in Abzug gebracht. In allen vier Fällen besteht die Pflicht zur Angabe in der Einkommenssteuererklärung, damit die Abgeltungssteuer auf mit ETF-Anlagen erzielte Kursgewinne durch das Veranlagungsverfahren erhoben werden kann.

Die Tabellen 4.3 und 4.4 fassen zusammen, wann Abgeltungssteuer einbehalten wird und in welchen Fällen der Anleger eine Veranlagung via Einkommenssteuererklärung durchführen muss.

In Deutschland aufgelegter ETF	Steuerlich nicht zu erfassen	Einbehaltung Abgeltungs- steuer	Veranlagung zum Abgel- tungssatz
ausgeschüttete Zinsen			✓
thesaurierte Zinsen		✓	
ausgeschüttete inländische Dividenden		✓	
thesaurierte inländische Dividenden		✓	
ausgeschüttete ausländische Dividenden			✓
thesaurierte ausländische Dividenden		✓	
ausgeschüttete Veräußerungsgewinne bei Wertpapieren und Gewinne aus Termingeschäften (Kauf bzw. Abschluss vor dem 1.1.2009)	✓		
ausgeschüttete Veräußerungsgewinne bei Wertpapieren und Gewinne aus Termingeschäften (Kauf bzw. Abschluss nach dem 31.12.2008)			✓
thesaurierte Veräußerungsgewinne bei Wertpapieren und Gewinne aus Termingeschäften	✓		

Tabelle 4.3: Abgrenzung zwischen Einbehaltung von Abgeltungssteuer an der Quelle und Veranlagungspflicht zum Abgeltungssatz bei einem in Deutschland aufgelegten ETF im Auslandsdepot.

Im Ausland aufgelegter ETF	Steuerlich nicht zu erfassen	Einbehaltung Abgeltungs- steuer	Veranlagung zum Abgel- tungssatz
ausgeschüttete Zinsen			✓
thesaurierte Zinsen			✓
ausgeschüttete inländische Dividenden			✓
thesaurierte inländische Dividenden			✓
ausgeschüttete ausländische Dividenden			✓
thesaurierte ausländische Dividenden			✓
ausgeschüttete Veräuße- rungsgewinne bei Wertpa- pieren und Gewinne aus Termingeschäften (Kauf bzw. Abschluss vor dem 1.1.2009)	✓		
ausgeschüttete Veräuße- rungsgewinne bei Wertpa- pieren und Gewinne aus Termingeschäften (Kauf bzw. Abschluss nach dem 31.12.2008)			✓
thesaurierte Veräußerungs- gewinne bei Wertpapieren und Gewinne aus Terminge- schäften	✓		

Tabelle 4.4: Abgrenzung zwischen Einbehaltung von Abgeltungssteuer an der Quelle und Veranlagungspflicht zum Abgeltungssatz beim ausländischen ETF im Auslandsdepot.

4.4 Unterschiede bei physisch replizierenden und Swap-basierten ETFs

Seit Einführung der Abgeltungssteuer gibt es für ETFs mit den beiden unterschiedlichen Konstruktionsarten grundsätzlich keine Vor- und Nachteile hinsichtlich ihrer Besteuerung. Bei genauerer Betrachtung zeigen sich dennoch Unterschiede.

Bei physisch replizierenden ETFs sind in der Regel die im Inland aufgelegten ETFs vorteilhafter gegenüber den im Ausland aufgelegten, da auf Dividenden deutscher Aktien keine Quellensteuer erhoben wird und die Fondsgesellschaft in der Regel »den erstattungsfähigen Teil der einbehaltenen ausländischen Quellensteuern von den ausländischen Finanzbehörden erstatten«[79] lässt. Anrechenbare, nicht erstattete einbehaltene Quellensteuern können wiederum auf die Abgeltungssteuer angerechnet werden. Das gilt sowohl für ausschüttende als auch für thesaurierende ETFs.

Eine spezielle Konstellation ist für den Privatanleger trotz steuerrechtlicher Gleichbehandlung wegen des hohen administrativen Aufwands ungünstig: Bei einem im Ausland aufgelegten thesaurierenden ETF, der den zugrunde liegenden Index physisch repliziert, kann es zu einer Doppelbesteuerung der Erträge kommen. Obwohl kein Geld fließt, ist der Anleger verpflichtet, die ausschüttungsgleichen Erträge jährlich durch Angabe in der Steuererklärung zu versteuern. Beim Verkauf wird von der depotführenden Stelle nochmals Abgeltungssteuer auf thesaurierte Erträge zum Abzug gebracht. Durch Nachweis der bereits versteuerten Erträge kann der Anleger dies zwar im Rahmen seiner Einkommensteuererklärung korrigieren, aber nur, wenn er alle Unterlagen aufbewahrt hat und die Angaben in der Steuerbescheinigung der Fondsgesellschaft korrekt angegeben sind, was leider nicht selbstverständlich ist.

---

[79] Allianz Global Investors, *Investmentfonds und Steuern*, 2012, S. 22.

Swap-basierte ETFs erwirtschaften in der Regel keine ordentlichen Erträge. Dadurch erfolgt eine Besteuerung erst bei Veräußerung der Anteile, und der Anleger hat Vorteile sowohl durch den Steuerstundungseffekt als auch durch den niedrigeren Verwaltungsaufwand. Im günstigsten Fall kann er eine potenzielle Doppelbesteuerung vermeiden.[80]

Für betriebliche Anleger, die in den Anwendungsbereich des Paragraphen 8b des Körperschaftssteuergesetzes fallen (Sachversicherungen, Unternehmen, Sparkassen und Banken), sind physische Aktien-ETFs bei der Eigenveranlagung die bessere Wahl, da nur 5 Prozent der ausgeschütteten oder thesaurierten Dividendenerträge die Steuerbasis darstellen, auf die der Steuersatz angewendet wird. Werden die dividendengleichen Erträge synthetisch über Swaps im ETF-Sondervermögen dargestellt, gehen diese Erträge aus Derivatgeschäften vollständig in die Steuerbasis ein.

4.5 Steuerliche Transparenz von ETFs

Aus den Anfangszeiten der ETFs in Europa kennt man noch die Einteilung von ausländischen ETFs in weiße, graue und schwarze Fonds hinsichtlich ihrer Besteuerung. Seit 2004 werden ausländische gegenüber inländischen Fonds nicht mehr diskriminiert. Grundsätzlich unterscheidet man heute zwischen steuerlich transparenten und intransparenten ETFs. Von einer inländischen Gesellschaft aufgelegte ETFs erfüllen die Kriterien für steuerliche Transparenz. Im Ausland aufgelegte ETFs müssen in Deutschland zum öffentlichen Vertrieb zugelassen sein oder an einer deutschen Börse gehandelt werden, damit sie Privatanlegern angeboten werden dürfen. »Um als [steuerlich] transparent eingestuft zu werden, muss die Gesellschaft innerhalb von vier

---

[80] Rose, Gordon, Welcher ETF ist der steuerlich günstigste im ganzen Land?, www.morningstar.com, Stand: 03.11.2011.

Monaten nach Geschäftsjahresende die beim Anleger steuerpflichtigen Erträge des Fonds ermitteln, von einem Wirtschaftsprüfer oder Steuerberater bescheinigen lassen und im Bundesanzeiger publizieren. Versäumt sie die Frist, gilt der Fonds als intransparent und wird beim Anleger dementsprechend mit 70 Prozent des jährlichen Wertzuwachses zuzüglich der Ausschüttungen, mindestens jedoch mit 6 Prozent des letzten Rücknahmepreises des Kalenderjahres versteuert.«[81]

Gerade bei globalen ETF-Anbietern wie Vanguard, State Street Global Advisors (SPDRs®) und BlackRock (iShares) ist der größte Teil (Anzahl und Volumen) der angebotenen ETFs in den USA beheimatet. Diese Produkte weisen in der Regel attraktivere Verwaltungsgebühren und Handelskosten durch engere Geld-Brief-Spannen auf, außerdem eine höhere Börsenliquidität als deren in Europa aufgelegten Klone. Allerdings sind die »Originale« nicht steuertransparent für deutsche Anleger. Von einer Investition sei daher wegen der unattraktiven Pauschalbesteuerung (siehe oben) dringend abgeraten. Für die überwiegende Zahl der in EU-Ländern (oftmals in Luxemburg oder in Irland) beheimateten ETFs haben deren Anbieter ihre Hausaufgaben hinsichtlich Vertriebszulassung und Steuertransparenz gemacht. Diese sind daher bedenkenlos für deutsche Anleger investierbar. Das Gleiche gilt für die europäischen Ableger der großen US-amerikanischen Anbieter, die auf eine große Auswahl an Indizes entsprechende steuertransparente OGAW-konforme ETFs in Europa anbieten. Die ETF-Anbieter kennzeichnen dies üblicherweise in ihren Produktübersichten und bieten in der Regel länderspezifische Internetauftritte mit den entsprechenden Produktangeboten.

---

[81] Patzner, Andreas, Schwarze, graue und weiße Fonds gibt es mittlerweile nicht mehr, KPMG, www.dasinvestment.com, 10.11.2009.

Wrap-up: Die komprimierte Sicht auf die Welt der ETFs

Die Abkürzung ETF wird oft als »einfach, transparent, flexibel« umgedeutet. In der Tat sind ETFs einfach zu verstehende Finanzinstrumente, deren Anlageziel ausschließlich in der möglichst genauen Abbildung eines Index liegt, um dadurch verlässlich die Rendite des abgebildeten Marktes zu liefern. Flexibel sind ETFs durch die ständige Handelbarkeit während der Börsenöffnungszeiten. Sie gelten zu Recht als äußerst transparent, da die Anbieter das Inventar des Sondervermögens im Falle physischer und synthetischer ETFs veröffentlichen. Zusätzlich werden in der Regel Gegenparteien und die Höhe des Swap-Wertes im Falle synthetischer ETFs offengelegt. Die Anbieter physischer ETFs sind inzwischen bereit, die Zusammensetzung des Sicherheitenportfolios für mögliche Wertpapierleihegeschäfte und den Umfang dieser Geschäfte darzulegen.

Unabhängig von der Replikationsmethode sind ETFs durch ihren OGAW-Status sichere Anlageprodukte, da Sondervermögen im Gegensatz zu Zertifikaten keinem Ausfallrisiko einer Emittentin unterliegen, und haben gerade wegen dieser Eigenschaft während der Finanzkrise stark an Popularität gewonnen.

Die grundlegende Entscheidung für ETFs liegt zunächst in dem Vorzug indexierter gegenüber aktiv gemanagter Anlagen. Die Leistung aktiver Portfoliomanager fällt sehr unterschiedlich aus, und nur wenige sind in der Lage, in ihrer Fachdisziplin die Marktrendite nachhaltig zu übertreffen. Für Anleger ist es im Rahmen der großen Auswahl an Produkten und der damit einhergehenden Informationsflut schwierig, die Top-Performer unter den aktiven Managern zu identifizieren. Positive Leistungen in der Vergangenheit erlauben keine Prognosen für die Fähigkeiten unter zukünftigen Marktbedingungen. ETFs vermeiden durch die Nachbildung einer Indexperformance im Sondervermögen nicht nur das Managerrisiko, sondern fallen durch deutlich niedrigere Gebühren auf, einem Erfolgsfaktor bei der Kapitalanlage, der mit zunehmendem Anlagehorizont an Bedeutung gewinnt.

Die niedrigen Gebühren der ETFs erlauben keinen Spielraum für die Zahlung von Vermittlerprovisionen. Daher werden ETFs im Beratungsprozess Privatanlegern häufig vorenthalten. Berater werden eher dazu motiviert, dem Anleger ungeeignete Finanzprodukte mit hohen Provisionen zu verkaufen. Daher bleibt dem interessierten Privatanleger in der Regel nichts anderes übrig, als sich selbst um eine erfolgversprechende, auf ETFs basierende Kapitalanlage zu kümmern oder dies beim Gespräch mit seinem Berater deutlich zu thematisieren.

Die Auswahl des richtigen Index steht vor der Produktauswahl. Auch Indizes unterscheiden sich qualitativ. Alternative Gewichtungsmethoden sind in der Lage, in gewissen Marktphasen oder sogar langfristig eine höhere Rendite zu liefern als die traditionellen Indizes, die im Falle von Aktien diese mit ihrer Marktkapitalisierung im Index gewichten und dadurch den Nachteil einer hohen Konzentration auf einzelne Wertpapiere haben können. Smart-Beta-Lösungen ergänzen daher ETFs auf traditionell konstruierte Indizes in zunehmendem Maße.

Durch das starke Wachstum der ETF-Branche seit ihrem Start vor rund zwölf Jahren in Europa hat der Anleger inzwischen eine große Auswahl an ETF-Anbietern und Produkten. Bei der Entscheidung für einen ETF auf identische oder ähnlich zusammengesetzte Indizes lohnt sich ein Vergleich

- der Erfahrung des Anbieters
- der laufenden Gebühren
- der Handelskosten an der Börse
- der Abbildungsmethode
- der Sicherungsmethoden
  - für Swap-Geschäfte im Falle synthetischer ETFs
  - für Wertpapierleihegeschäfte im Falle replizierender ETFs
  - von nicht OGAW-konformen Lösungen (ETCs und ETNs)
- der Größe der ETFs (gemessen am verwalteten Vermögen)
- der Abbildungsgenauigkeit (Tracking-Differenz und Tracking Error)
- der Ertragsverwendung
- steuerlicher Aspekte in Abhängigkeit vom Domizil der ETF-Gesellschaft und dem Standort des Depots, in dem die ETF-Anteile verwahrt werden.

Der einzelne ETF oder ETC ist eher für zielgerichtete taktische Investments auf einem ausgewählten Markt geeignet und im Falle von Aktien durch die Diversifikationseigenschaften eines Index bedeutend weniger risikoreich als Investments in Aktien einzelner Unternehmen. Im Rahmen einer sich längerfristig orientierenden Anlagestrategie gilt es die richtige Mischung unterschiedlicher Anlagethemen zu definieren, die zum Risikoprofil des Anlegers passt. Asset Allocation ist die entscheidende Performancequelle für nachhaltigen Anlageerfolg. Für deren kostengünstige Umsetzung sind ETPs die idealen Bausteine. Durch die Breite des Angebots an ETPs lässt sich die Asset Allocation sowohl ausschließlich durch ETPs als auch durch eine Mischung mit aktiv gemanagten Investmentfonds darstellen. Dabei kann der Privatanleger internetbasierte Hilfsquellen für den Eigenbau eines ETP-Portfolios heranziehen oder in vermögensverwaltende Lösungen investieren, die ausschließlich oder zu einem hohen Grad in ETPs investieren. Im Falle größerer Vermögen kann es sinnvoll sein, eine Privatbank oder einen unabhängigen Vermögensverwalter mit der Asset Allocation zu beauftragen. Die Vergütung dieser Dienstleistung ermöglicht eine Kostentransparenz durch eine individuell verhandelbare Verwaltungsgebühr. In der Regel sind Vermögensverwalter bereit, auf Provisionen aus Finanzprodukten zu verzichten und diese dem Kunden gutzuschreiben oder provisionsfreie Finanzprodukte wie ETPs als Bausteine zu berücksichtigen.

Ausblick: Chancen für ETFs als Anlageprodukt der Zukunft

Die ETF-Branche ist durch zweistellige Wachstumsraten verwöhnt, und die Expertenprognosen lassen kein Abflachen der Erfolgskurve erkennen. Laut Cerrulli Associates liegen in Europa bisher nur etwa 5,5 Prozent der nicht am Geldmarkt investierten Anlagen in ETFs.[82] Dieser Wert unterstützt die Wachstumsphantasien, die die ETF-Branche in der Zukunft wahrnehmen kann. BlackRock sieht als Weltmarktführer mit der Marke iShares sogar die Möglichkeit, das in ETF verwaltete Vermögen innerhalb von wenigen Jahren zu verdreifachen.

In den USA liegt der Anteil der ETF-Anlagen wohl eher bei rund 10 Prozent. Erfahrungsgemäß folgen Erfolgsgeschichten im Finanzsektor aus den USA mit mehrjähriger Verzögerung in Europa nach. Diese Erkenntnis gilt auch für ETFs und andere ETPs. In den USA konnte mit rund 1.950 Milliarden US-Dollar am Jahresende 2012 ebenso ein neuer Rekordstand für das in ETPs verwaltete Vermögen gefeiert werden wie in Europa mit etwa 280 Milliarden Euro (Quelle: ETFGI). Der Vorsprung ist offensichtlich.

---

[82] Mumme, Simon, ETF competition fears misguided, say experts, www.igniteseurope.com, Stand: 29.01.2013.

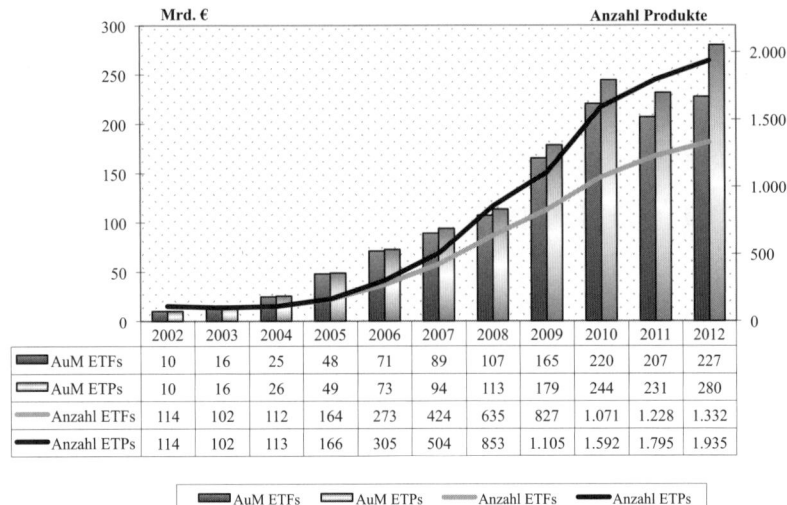

	2002	2003	2004	2005	2006	2007	2008	2009	2010	2011	2012
AuM ETFs	10	16	25	48	71	89	107	165	220	207	227
AuM ETPs	10	16	26	49	73	94	113	179	244	231	280
Anzahl ETFs	114	102	112	164	273	424	635	827	1.071	1.228	1.332
Anzahl ETPs	114	102	113	166	305	504	853	1.105	1.592	1.795	1.935

Entwicklung der in ETFs bzw. ETPs verwalteten Vermögen sowie der Anzahl der in Europa beheimateten Produkte (Quelle: ETFGI; Stand: 31.12.2012).

Für den fortgeschritteneren Entwicklungsstand des US-amerikanischen ETF-Marktes spricht auch die im Durchschnitt niedrigere Total Expense Ratio (TER) im Vergleich zu den in Europa beheimateten ETFs. Laut der ETF-Expertin Deborah Fuhr erklärt sich die Differenz nicht nur durch den Wettbewerbsgrad in den beiden Regionen, sondern auch durch die erhöhten Kosten in Europa aufgrund einer zersplitterten Börsenlandschaft und höherer Auflage- und Verwaltungskosten durch länderspezifische Anforderungen, Währungen und Sprachen.[83]

In den USA haben die führenden Anbieter iShares und Vanguard im Rahmen des intensiven Wettbewerbs systematisch die Gebühren ausgewählter Produkte gesenkt und dadurch entsprechende Signale nach Europa gesendet. Ähnliche, aber bisher weitaus weniger ausgepräg-

---

[83] Moore, Charlotte, ETF Costs-Look Beyond The Headlines, www.indexuniverse.eu, Stand: 28.01.2013.

te Beobachtungen lassen sich auch in Europa hinsichtlich der Entwicklung der TER von ETFs wahrnehmen. Vanguard hat am amerikanischen Markt insbesondere dadurch ein Zeichen gesetzt, dass die
Gesellschaft für ausgewählte Produkte wie zum Beispiel den größten Emerging-Markets-Aktien-ETF einen Wechsel des Indexanbieters zu einem mit niedrigeren Lizenzgebühren beschlossen hat und die
Transformation des ETFs zurzeit durchführt. Für die noch kleine europäische ETF-Palette hat Vanguard die günstigeren Indexanbieter
von Anfang an berücksichtigt und strebt offensichtlich die Preisfüh-
rerschaft der abgebildeten Anlagethemen auf dem europäischen ETF-
Markt an. In der Regel kann der ETF-Anbieter, der als erster mit einem innovativen Index als Basisinstrument eines ETFs auf den Markt
kommt (First Mover Advantage), höhere Gebühren für einen längeren
Zeitraum oder gar dauerhaft am Markt durchsetzen. Anbieter, die diese Produktideen im Rahmen eines »Me-too-Ansatzes« kopieren, ver-
suchen den Zeitvorsprung des Erstanbieters in der Regel durch eine
niedrigere TER zu kompensieren, häufig nur mit mäßigem Erfolg. Das
beste Beispiel dafür ist bisher der in Kapitel 3.3.7 dargestellte Fall für
ETFs, die den S&P 500® Index abbilden.

Zeitvorsprung im ETF-Geschäft ermöglicht die strategisch wichtige
Verteidigung von Marktanteilen in einem wachsenden Markt, der während der letzten Jahre zahlreiche neue ETF-Anbieter zu einem Markt-
eintritt motiviert hat und dies auch zukünftig tun wird. iShares war zusammen mit Indexchange von Anfang an dabei. Sie haben ihre Kräfte
nach der Übernahme von Indexchange durch Barclays Global Investors, die zu diesem Zeitpunkt hinter iShares standen, gebündelt und
dominieren seitdem unangefochten den europäischen ETF-Markt,
fast schon ähnlich konstant und überraschungsfrei wie der FC Bayern
München und Borussia Dortmund den deutschen Profi-Fußball. Lange Zeit behauptete Lyxor den zweiten Platz, bis sie vor einigen Jahren
von db X-trackers überholt wurden. Nach dem Spitzentrio der europäischen ETF-Branche haben verschiedene Banken und Asset-Manager ETFs lanciert, um strategische Optionen in einem stark wach-

senden Geschäftsfeld wahrzunehmen. Allerdings ist ihr Auftritt nach Etablierung einer »Me-too-Produktpalette« weniger durch Innovationen geprägt als der der führenden Anbieter. Erwartungsgemäß hat in diesem Segment bereits durch den Verkauf von Credit Suisse ETFs an BlackRock, den aktuellen Eigentümer von iShares, die erste Transaktion im Rahmen der Konsolidierung des teilweise überdimensionierten Standardangebotes an ETFs stattgefunden. Für die Zukunft stellt sich die Frage, welche der mittelgroßen Anbieter als strategische Optionen erhalten bleiben und welche möglicherweise zum Verkauf stehen werden. Innovationen gehen derzeit entweder von den etablierten Anbietern durch systematische Ausweitung ihres ETF-Angebots um exotischere Indizes hinsichtlich der Regionalität von Aktien oder der Granularität von Anleihensektoren aus oder von spezialisierten ETF-Boutiquen wie Ossiam und Boost ETFs. Ossiam konzentriert sich auf alternative Indexkonzepte wie z.B. den Minimum-Varianz-Ansatz, Boost auf mehrfach gehebelte Leverage- und Short-ETFs.

Eine weitere Tendenz am ETF-Markt ist die zunehmende Anbindung an Asset-Management-Einheiten. Während db X-trackers bisher eine Initiative des Kapitalmarktgeschäftes der Deutsche Bank AG war, ist das ETF-Geschäft inzwischen organisatorisch dem Asset und Wealth Management zugeordnet. Ähnliche Tendenzen waren bereits bei UBS, HSBC und Lyxor zu beobachten.

Durch die ESMA-Richtlinien stehen den ETF-Anbietern und allen anderen Anbietern von OGAW-konformen Investmentfonds regulatorische Herausforderungen bevor. In erster Linie geht es um mehr Transparenz bei Wertpapierleihegeschäften, um eine genauere Festlegung der Qualität von Sicherheiten und um eine gerechtere Aufteilung der dadurch erzielten Zusatzerträge zugunsten der Anleger. Durch die Definition von OGAW-konformen ETFs im Namen als »UCITS ETFs« wird Wind aus der teilweise überzogenen Debatte um die Risiken von synthetischen ETFs genommen. Trotz dieses gemeinsamen Qualitätssiegels für physische und synthetische ETFs geht der Trend zurzeit klar in Richtung replizierender Produkte. Aus Sicht des Autors ist die wesentlich leichtere Verständlichkeit von physischen ETFs dafür ebenso ausschlaggebend wie die in den Köpfen mancher Anleger verankerte extreme Risikoaversion, gepaart mit dem subjektiv als zu hoch eingeschätzten Risiko von Swap-Konstruktionen. Die Deutsche Bank AG hat bereits durch die Aufnahme physischer ETFs in ihre Angebotspalette reagiert. Mit einem strategischen Ausbau der replizierenden ETFs, verbunden mit der Botschaft an die Anleger, eine Wahlmöglichkeit hinsichtlich der Abbildungsmethode anzubieten, darf gerechnet werden. Entsprechende Ankündigungen gibt es auch von Lyxor.

Erstmalig sollen auch für Indizes selbst regulatorische Anforderungen definiert werden. Insbesondere soll die Offenlegung der Indexregeln sehr weitreichend erfolgen und eine exklusive Lizenzierung unterbunden werden.

Durch die hohe Dynamik des ETF-Geschäftes darf sich der Leser und Anleger auf eine spannende Zukunft der Branche und ein weiterhin zunehmend attraktives Produktangebot freuen, das sich durch niedrigere Kosten für Standardprodukte und Innovationen auszeichnen wird. Das bedeutet aber auch, dass der Autor wohl schneller als erwartet an einer überarbeiteten Neuauflage dieses Buches zu arbeiten hat. Gerade zur ETF-Branche passt das Motto: The show must go on!

Glossar: Das ABC der ETFs

Abbildungsmethode
Die Indexwertentwicklung wird im ETF-Sondervermögen entweder physisch oder synthetisch abgebildet.

Abbildungsqualität
Bei ETFs werden Tracking-Differenz und Tracking Error als maßgebliche Kennzahlen für die Qualitätsmessung des Portfoliomanagements herangezogen.

Alpha
Überrendite, die ein Portfoliomanager eines aktiv gemanagten Investmentfonds erwirtschaftet (positiver Wert), wobei in der Praxis häufiger negative Werte auftreten. Von ETFs wird kein Alpha erwartet, da deren Anlageziel in der möglichst genauen Abbildung eines Finanzindex liegt. Im Falle von Strategie-ETFs eignet sich die Kennzahl auch für den Vergleich mit ETFs, die Standardindizes mit Marktkapitalisierung als Gewichtungskriterium abbilden.

Asset Allocation
deutsch: Vermögensstrukturierung; Aufteilung eines Anlagevermögens auf verschiedene Anlageklassen.

Assets under Management (AuM)
deutsch: verwaltetes Vermögen eines ETFs.

Ausfallrisiko

Risiko, dass ein Schuldner nicht in der Lage ist, seinen Zahlungsverpflichtungen nachzukommen. Der Begriff taucht oft im Zusammenhang mit Swap-Geschäften auf, wo eine Vertragspartei der anderen zu einem bestimmten Stichtag eine Zahlung schuldet, die aus der unterschiedlichen Wertentwicklung von Wertpapieren, Indizes, Finanzinstrumenten oder Zinssätzen resultiert.

Ausgabeaufschlag

Wird beim Verkauf von Investmentfonds als Aufschlag vom Nettoinventarwert (bis zu 6 Prozent des Anlagebetrages) dem Käufer in Rechnung gestellt und dient in der Regel als Vermittlerprovision. Bei ETFs entfällt dieser vollständig.

Ausschüttung

Ausschüttende Investmentfonds reichen i. d. R. einmal jährlich die Erträge an die Anteilseigner weiter. Bei ETFs sind oft auch mehrmals jährlich Ausschüttungen möglich.

Backwardation

Marktsituation bei Rohstoffterminkontrakten, bei der die Future-Preise mit zunehmender Laufzeit fallen; bei Verkauf von kurzfristigen Kontrakten und gleichzeitigem Kauf von Kontrakten mit längerer Laufzeit entstehen Rollgewinne.

Benchmark

Dient als Messlatte für eine Anlage, wofür in der Regel ein Index am besten geeignet ist.

Beta

Beta ist ein Risikomaß für Fonds im Vergleich zu einem Index. Dabei signalisiert ein Beta > 1 eine höhere Volatilität des Fondspreises im Verhältnis zum Vergleichsindex; ein Beta < 1 signalisiert eine niedrigere Volatilität des Fonds im Verhältnis zum Vergleichsindex.

Blue-Chip-Aktien

Umsatzstarke Aktien von großen, internationalen Aktiengesellschaften mit hohem Börsenwert (deutsch: Standardwerte), die auch als Large Caps bezeichnet werden; Blue-Chip-Indizes, z.b. der DAX® oder der Euro Stoxx 50 Index, beinhalten solche Aktien.

Bond

deutsch: Anleihe, Schuldverschreibung, Obligation, festverzinsliches Wertpapier.

Cash Drag

Beitrag zur Abweichung der Wertentwicklung eines ETFs vom abgebildeten Index durch Bargeldbestände, die sich zwischen dem Zufluss von ordentlichen Erträgen wie Dividenden oder Zinsen in das Sondervermögen und deren Ausschüttung ansammeln (siehe auch Tracking-Differenz).

Collateral

zur Besicherung hinterlegte Wertpapiere.

Contango

Marktsituation bei Rohstoffterminkontrakten, bei der die Future-Preise mit zunehmender Laufzeit steigen; bei Verkauf von kurzfristigen Kontrakten und gleichzeitigem Kauf von Kontrakten mit längerer Laufzeiten führt dies zu Rollverlusten.

Core-Satellite-Ansatz

Aufteilung eines Anlageportfolios in Kerninvestments (»Core«), die breite Märkte abdecken. Die ergänzenden Investments in spezialisierte Anlagethemen (»Satellites«) ermöglichen eine diversifizierte Asset Allocation. Dabei können alle Bausteine entweder durch aktive Vermögensverwalter oder indexierte Investments (ETFs) dargestellt werden.

Corporate Bonds
deutsch: Unternehmensanleihen.

Covered Bonds
deutsch: forderungsbesicherte Anleihen (deutsche Sonderform: Pfandbriefe).

Creation-Redemption-Mechanismus
Beschreibt, wie bei ETFs neue Anteilsscheine entstehen oder zurück-
gegeben werden. Im Falle physischer ETFs liefert der Market Maker
einen Aktienkorb, der der Indexzusammensetzung entspricht, und erhält eine dem Marktwert entsprechende Anzahl von Anteilsscheinen;
bei Swap-basierten ETFs wird Bargeld gegen neue Anteilsscheine getauscht, wofür die ETF-Gesellschaft vom Swap-Partner einen abweichenden Wertpapierkorb und ein Swap-Geschäft im Gegenwert erhält.

Credit Default Swap (CDS)
Ein Credit Default Swap ist eine besondere Variante eines Swap-Ge-
schäftes, mit der sich der Käufer durch Zahlung einer Prämie bei Abschluss gegen das Ausfallrisiko eines vereinbarten Schuldners ver-
sichern kann. Der Käufer erhält im Falle eines Kreditereignisses
(Zahlungsausfall des Schuldners) während der Laufzeit des CDS eine
Ausgleichszahlung.

Derivate
Finanzprodukte, deren Wert von den Kursen oder Preisen anderer Ver-
mögensgegenstände (Wertpapiere, z.B. Aktien oder Anleihen), den
Rohstoffpreisen oder von marktbezogenen Referenzgrößen (Zinssätzen, Indizes) abhängt.

Designated Sponsor
Designated Sponsors verpflichten sich, im fortlaufenden Handel und
in Auktionen für die jeweils betreuten Wertpapiere oder ETFs ver-

bindliche An- und Verkaufskurse in das Orderbuch einzustellen. Die Verpflichtung besteht im Wesentlichen hinsichtlich eines maximalen Spreads und eines Mindestquotierungsvolumens. Auf diese Weise erhält der Anleger die Möglichkeit, Wertpapiere oder ETFs jederzeit zu marktgerechten Preisen kaufen oder verkaufen zu können.[84]

Diversifikation

Aufteilung eines bestehenden Vermögens auf mehrere Wertpapiere bzw. Anlageklassen. Dadurch sinkt sowohl das Gesamtrisiko eines Portfolios als auch dessen Schwankungsbreite, und zwar umso mehr, je weniger die verschiedenen Wertpapiere bzw. Anlageklassen miteinander korrelieren (siehe Asset Allocation).

Dividendenrendite

wichtige Kennzahl einer Aktie, die die ausgeschüttete Dividende ins Verhältnis zum Aktienkurs setzt.

Emittentenrisiko

Emittent ist der Herausgeber bzw. Aussteller von Wertpapieren (z. B. Aktien oder Anleihen). Für den Käufer der Wertpapiere besteht das Risiko, dass der Emittent das aufgenommene Kapital nicht mehr zurückzahlen kann. Im Falle von Anleihen sind dies z. B. Unternehmen oder Staaten. Bekannte Ereignisse dieser Art in der jüngeren Vergangenheit waren der Konkurs von Lehman Brothers Inc. im Jahre 2008 und der Staatsbankrott der Republik Argentinien im Jahre 2002.

ETF-Dachfonds

Investmentfonds, der sein Anlagevermögen überwiegend oder ausschließlich in ETFs investiert. Bei zahlreichen Produktangeboten wird eine Asset Allocation über eine Vielzahl von ETFs als deren Bausteine abgebildet.

---

[84]   Designated Sponsor Guide Version 9.0 der Deutsche Börse AG, 01.07.2012, S. 4–6.

EUWAX (European Warrant Exchange)

Die EUWAX AG ist Teil der Gruppe Börse Stuttgart. In ihrer Funktion als sogenannter qualified liquidity provider (QLP) sorgt sie für einen reibungslosen Handel mit einer Vielzahl von Wertpapieren und Fonds. Eine wesentliche Zielgruppe für diese Handelsplattform sind Privatanleger.

Exchange Traded Commodities (ETCs)

Börsengehandelte Rohstoffe, deren Wertentwicklung einem einzelnen Rohstoffpreis folgt. Rechtlich handelt es sich um eine Inhaber-Schuldverschreibung. Durch die Reduzierung auf ein einzelnes Underlying ist wegen Wegfall des Diversifikationsgedankens die Abbildung in Form eines Sondervermögens wie beim ETF nicht möglich.

Exchange Traded Funds (ETFs)

Fonds, deren Wertentwicklung in der Regel einem Index folgt. Rechtlich handelt es sich wie bei einem Investmentfonds um ein Sondervermögen. Im Gegensatz zu Investmentfonds werden die Fondsanteile an einer Wertpapierbörse gehandelt und nicht bei der KAG (Kapitalanlagegesellschaft) erworben.

Exchange Traded Notes (ETNs)

Börsengehandelte Wertpapiere, deren Wertentwicklung in der Regel einem Index oder anderen Preisbarometern, z.B. einem Volatilitätsindex, folgt. Rechtlich handelt es sich um eine Inhaberschuldverschreibung.

Exchange Traded Products (ETPs)

Oberbegriff für alle börsengehandelten Produkte wie ETFs, ETCs und ETNs, bei denen in der Regel mehrere Market Maker für Liquidität sorgen.

Future

standardisierter Terminkontrakt, der sich auf einen Finanzindex oder ein Wertpapier bezieht und an einer Terminbörse gehandelt wird.

Gegenparteirisiko
Siehe Ausfallrisiko.

Geld-Brief-Spanne
Spanne zwischen Kauf- und Verkaufspreis eines Wertpapiers oder ETFs.

High Yield Bonds
deutsch: Hochzinsanleihen; Unternehmensanleihen, deren Bonitätseinstufung als riskant gilt.

Index
Statistisches Instrument zur Abbildung von Preisen und Mengen. Bei Wertpapieren wird der Laspeyres-Preisindex als Maß für die Wertentwicklung berechnet. Für deutsche Aktien ist der DAX® der bekannteste Index, der die Wertentwicklung der Aktienkurse der 30 größten deutschen Unternehmen repräsentiert. Indizes gibt es weltweit für alle wichtigen Aktienmärkte, aber auch für Anleihen und Rohstoffe.

Inhaberschuldverschreibung
Generell eine Schuldverschreibung, jedoch mit der Besonderheit, dass der Besitzer namentlich auf der Inhaberschuldverschreibung nicht erwähnt wird. Der Besitzer hat die Stellung eines Gläubigers gegenüber dem Aussteller (Emittent). ETCs und ETNs sind rechtlich so einzuordnen.

Investmentfonds
Sondervermögen, das in Wertpapiere und andere zugelassene Finanzinstrumente investiert. Anleger können sich durch den Erwerb von Fondsanteilen daran beteiligen.

KAG
Kapitalanlagegesellschaft.

Korrelation

Statistisches Maß für den Zusammenhang zweier Größen. Auf Wertpapiere bezogen bedeutet eine hohe Korrelation zweier Wertpapiere oder Anlageklassen untereinander, dass mit hoher Wahrscheinlichkeit eine gleichgerichtete Wertentwicklung zu erwarten ist.

Kursindex

Index-Konzept, das keine Reinvestition der ordentlichen Erträge (Dividenden und Zinsen) in die Index-Wertpapiere vornimmt. Gedanklich entspricht dies der Ausschüttung von Dividenden. Das Konzept findet man in der Praxis wesentlich häufiger als das des Performance-Index. Die große Mehrzahl der ETFs bilden Kursindizes ab.

Limit-Order

Kaufauftrag bzw. Verkaufsauftrag für Wertpapiere oder ETFs an der Börse, bei dem der Kaufpreis während der Gültigkeitsdauer des Auftrages nicht überschritten bzw. unterschritten werden darf.

Market-Order

Kaufauftrag (Verkaufsauftrag) für Wertpapiere oder ETFs an der Börse, bei dem der Auftraggeber bereit ist, den nächstbesten Marktpreis zu akzeptieren.

Market Maker

Handelspartner, der sich vertraglich verpflichtet hat, auf Anfrage verbindliche An- und Verkaufspreise für Wertpapiere oder ETFs zu stellen, um einen reibungslosen Handel zu gewährleisten. Der Market Maker unterliegt weniger strengen und verbindlichen rechtlichen Verpflichtungen gegenüber dem Emittenten als ein Designated Sponsor.

Marktkapitalisierung

Auch Börsenkapitalisierung oder Börsenwert eines Unternehmens genannt, dessen Anteile an einer Börse als Aktien gehandelt werden; Berechnung durch Multiplikation von Aktienkurs und der Anzahl der frei im Umlauf befindlichen Aktien des Unternehmens.

Maximum Drawdown
Höchster beobachteter Wertverlust eines Investmentfonds oder Index während eines Zeitraums, wobei rollierende Perioden für die Ermittlung herangezogen werden.

Net Asset Value (NAV)
Deutsch: Nettoinventarwert. Der NAV eines ETFs entspricht dem Wert des ETF-Sondervermögens bezogen auf einen Anteilschein.

NYSE
New York Stock Exchange.

OGAW
Organismus für gemeinsame Anlagen in Wertpapieren; englisch: UCITS. Als OGAW-Fonds werden Investmentfonds inklusive ETFs bezeichnet, die die Richtlinien der EU zur Anlage in Wertpapieren einhalten. Dabei werden vor allem Vorgaben über die Zusammensetzung des Sondervermögens gemacht mit dem Ziel einer EU-weiten Harmonisierung und der Ermöglichung eines grenzüberschreitenden Vertriebs.

Outperformance
Relative Wertentwicklung eines Wertpapiers oder aktiv gemanagten Investmentfonds bezogen auf eine Benchmark; der Wert kann positiv oder negativ sein.

Over-the-counter (OTC)
Außerbörsliche Handelsgeschäfte, die sich auf Finanzprodukte im weiteren Sinne beziehen können.

Performance-Index
Index-Konzept, das im Falle von Aktien die Reinvestition der Dividenden in die Aktien des Index vornimmt. Gedanklich entspricht dies einer Wiederanlage der Dividenden.

Physischer ETF
Das ETF-Sondervermögen investiert in die Wertpapiere des abgebildeten Index vollständig (voll replizierend) oder in eine optimierte Auswahl (optimiert replizierend/Sampling).

Rating
Deutsch: Einstufung der Kreditwürdigkeit eines Schuldners (Kreditrating). Banken haben dafür eigene Methoden (internes Rating). Bekannt sind spezialisierte international agierende Ratingagenturen wie z. B. Standard & Poor's, Moody's oder Fitch, die ihre Erkenntnisse publizieren (externes Rating).

Rebalancing
notwendige Aktivitäten eines Portfoliomanagers von physischen ETFs, die im Zusammenhang mit der Umsetzung von Änderungen der Indexzusammensetzung (Anzahl, Gewichte, Titelauswahl) stehen.

Sharpe Ratio
Maß für die Überrendite eines Fonds im Verhältnis zu seinem Risiko, gemessen durch die Volatilität. Die Sharpe Ratio eignet sich insbesondere zum Vergleich zweier Fonds, wobei eine höhere Sharpe Ratio für eine höhere Rendite bei gleichem Risiko bzw. gleichen Ertrag bei niedrigerem Risiko steht. Werte > 1 bedeuten, dass der Fonds eine höhere Rendite als den risikolosen Geldmarktsatz erwirtschaftet hat.

Sicherheiten
Wertpapiere, die für die Absicherung von Ansprüchen aus Derivat- oder Wertpapierleihegeschäften bereitgestellt werden und dabei Qualitätsanforderungen hinsichtlich Bonität und Liquidität erfüllen müssen.

Smart Beta
Bezeichnung von Strategie-ETFs, die die Wertentwicklung alternativ gewichteter Indizes abbilden, d. h. von Indizes, die bewusst von der Marktkapitalisierung als Gewichtungskriterium abweichen (z.B. Gleichgewichtung, Minimum-Varianz-Ansatz).

Sondervermögen
Rechtlicher Status von Investmentfonds und ETFs, der Anleger durch die Trennung des Anlagevermögens vom Vermögen der Kapitalanlagegesellschaft schützt.

Spread
Siehe Geld-Brief-Spanne.

Swap
Vereinbarung zweier Vertragsparteien zum Austausch von Zahlungsströmen, die sich aus der unterschiedlichen Wertentwicklung zweier Referenzgrößen errechnen. Referenzgrößen können Zinssätze, Aktienkurs, Indexstände, Rohstoffpreise und Finanzprodukte sein. Beim Total-Return-Swap in Swap-basierten ETFs errechnet sich der Wert des Zahlungsanspruchs aus der unterschiedlichen Wertentwicklung des Aktienportfolios im ETF und des Index, dessen Wertentwicklung der ETF abzubilden verspricht.

Synthetischer ETF
Das ETF-Sondervermögen investiert in Wertpapiere, die wenig oder kaum Überschneidungen mit der Zusammensetzung des abzubildenden Index aufweisen, und schließt einen Swap ab, der die Indexperformance im Austausch gegen die des Wertpapierkorbes liefert (unfunded Swap). Bei fully funded Swaps besteht das ETF-Sondervermögen ausschließlich aus einer Swap-Position, deren Gegenparteirisiko durch Sicherheitsportfolios besichert wird.

Thesaurierung

Im Falle einer Thesaurierung verbleiben die im Geschäftsjahr des ETFs erwirtschafteten Erträge wie Dividenden und Zinsen im Fondsvermögen und erhöhen den Anteilswert. Ordentliche Erträge aus thesaurierenden ETFs wie z. B. dem iShares DAX® (DE) gelten steuerlich mit Ablauf des Geschäftsjahres als dem Anleger zugeflossen.

Total Expense Ratio (TER)

Die TER erfasst die Gesamtkostenbelastung eines ETFs, die sich in der Regel aus der Managementgebühr, der Depotbankgebühr und sonstigen Betriebskosten zusammensetzt.

Tracking-Differenz

Absolute Renditedifferenz zwischen ETF und Index für einen ausgewählten Zeitraum. Theoretisch entspricht der Wert der ETF-Performance der Indexperformance abzüglich der TER. Weitere Einflussfaktoren sind: Zusatzerträge aus Wertpapierleihegeschäften, Cash Drag, Erträge oder Kosten aus Rebalancing bei physischen ETFs und Swap-Gebühren bei synthetischen ETFs.

Tracking Error

Standardabweichung der Renditedifferenz zwischen dem ETF und dem von ihm abgebildeten Index (ausgedrückt in Prozent) über einen bestimmten Beobachtungszeitraum in der Regel auf Basis von Wochen- oder Monatsdaten.

UCITS

Undertakings for Collective Investments in Transferable Securities; deutsch: OGAW (siehe dort).

Veräußerungsgewinn

Der Gewinn errechnet sich bei ETFs aus der Differenz zwischen Veräußerungspreis und Kaufpreis, abzüglich des Zwischengewinns bei

Verkauf der Anteile, und der ausschüttungsgleichen Erträge (bei Thesaurierung), zuzüglich der Zwischengewinne bei Kauf der Anteile.

Volatilität

Maß für die Schwankungsintensität eines Wertpapiers, Index oder Fonds: Mathematisch handelt es sich um die quadratische Standardabweichung der Preise um ihren Mittelwert bezogen auf einen bestimmten Zeitraum. Je höher die Volatilität eines Anlageinstruments, desto risikoreicher ist eine Investition in dieses einzustufen.

Wertpapierleihe

Sachdarlehen, bei dem der Entleiher gegen Zahlung einer Gebühr Eigentümer der Wertpapiere während des vereinbarten Zeitraumes wird. Die während der Dauer des Geschäfts anfallenden Erträge werden bei Beendigung des Darlehens dem Verleiher zurückerstattet. Wertpapierverleiher sind z. B. Investmentfonds oder ETFs, die dadurch für ihre Anleger Zusatzerträge erwirtschaften. Wertpapierleihegeschäfte werden durch festgelegte andere Wertpapiere oder Geld besichert (Collateral).

Xetra®

Xetra® ist das europäische vollelektronische Handelssystem der Deutschen Börse AG, über das Aktien, Bezugsrechte, ETFs, Optionsscheine und Zertifikate gehandelt werden können. Teilnehmer sind Finanzinstitute, Wertpapierhandelshäuser und Broker.

XTF

XTF Exchange Traded Funds ist das Handelssegment für ETFs auf Xetra®, dem vollelektronischen Handelssystem der Deutschen Börse AG. Sogenannte Designated Sponsors sorgen während der Handelszeit durch Stellen verbindlicher An- und Verkaufskurse fortlaufend für Liquidität.

Zertifikate

Zertifikate sind von Kreditinstituten emittierte Inhaberschuldverschreibungen, deren Rückzahlungswert von der Wertentwicklung anderer Finanzinstrumente, Wertpapiere oder Indizes abhängt. Dies gelingt durch den Einbau von Derivatgeschäften. Zertifikate werden auch als strukturierte Anlageprodukte bezeichnet. Das Emittentenrisiko beträgt dabei 100 Prozent Im Gegensatz zu ETPs ist nur die Emittentin für die Preisstellung an einer Börse verantwortlich.